AF254202

ÆLIVS

SEIANVS.

HISTOIRE ROMAINE,

RECVEILLIE DE
diuers Autheurs.

SECONDE EDITION.

A ROVEN,

Chez Iacqves Besongne,
ruë aux Iuifs, pres le Palais.

M. DC. XVIII.

(1)

AV ROY.

S I R E,

Le Capitole à veu
naistre, & le Lou-
ure a renouuellé ceste Histoire,
que ie presente à vostre Maiesté dans les publicques acclama-
tions du iour de sa Monarchie.
C'est vn miroir qui ne flatte
point, mais plustost vne eau pure & claire qui au mesme temps
qu'elle monstre la tache donne
dequoy l'effacer. Vous y verrez, SIRE, que le Prince

doit estre grandement ialoux de conseruer entiere son AVTŌ-RITE´ : les Grands y apprendront qu'il ne se faut ioüer au Lyon genereux, quoy qu'il le souffre, & que les faueurs sont des precipices à ceux qui en abusent.

P. MATTHIEV.

ÆLIVS
SEIANVS.

ENCORES que les Prin-
ces disposent souue-
rainement de leurs
cœurs, qu'ils y formét
l'amour & la haine pour qui &
comme ils veulét, si est-ce que
il faut desirer que leurs affectiós
enuers des particuliers soiét iustes & bič reglees, car s'il y a du
desordre il ameine les ruines pu
bliques, rend les Princes odieux
& les fauoris miserables: Quand
la fable est acheuee on leur oste
la base qui les éleuoit sur les autres, on les despoüille des habits du personnage qu'ils repre-

A

sentoient, ils reuiennent à leur premiere forme & l'on recon-noit qu'il ne faut pas mesurer la statuë auec la colomne qui la porte, ny iuger de l'homme par sa dignité ou sa fortune.

Le Ciel irrité sur l'Empire Romain permit ce desuoyemēt en l'ame de Tibere par l'excez de la faueur qu'il porta à Ælius Sejanus, vnissant en sa person-ne les charges qui deuoiēt estre departies à plusieurs, & le fai-sant si grand qu'il eust peine de le desfaire. A la fin la ruine de l'Estat qui fut le fondement de sa grandeur, fut aussi la cause de sa cheute. Il fut fils de Sejus Strabo Cheualier Romain, nas-quit à Vulsine au pays de Tos-cane, seruit en sa ieunesse C. Cæsar neueu d'Auguste, con-sentit aux voluptez d'execra-tion d'Apicius ce riche prodi-

Magnus videtur? Illum cum sua basi metiris. SEN.

Principum animi Deus ira in R. P. varii artibus vintun-tur. TAC.

Parui exitio viguit, recidit-que. TAC.

Si Nur-cia Thu-sco. Fa-uisset. IVVEN.

gue, ce fameux glouton, qui ayant mangé son bien, & trouuant par son conte qu'il n'auoit plus que c c. m. escus de reste creut d'estre pauure, & que cela ne suffiroit pour faire durer son luxe : dequoy il eut vne si extréme apprehension qué la mort luy sembla plus supportable que la pauureté, & aualla vn verre de poison : il ne but iamais vn meilleur traict que ce dernier, qui arresta le cours furieux de ses dissolutions.

Seianus ayant acquis quelque nom en la professió des armes, Strabo son pere le presenta à Tibere pour permettre qu'il fut associé en sa charge de Coronel des gardes Pretoriennes; & dés lors ce Prince commença de se plaire en sa vigilance & viuacité, & creut que cet esprit seroit vn iour entre ses mains vn in-

La cuisine d'Apicius deuora plus de deux millions d'or. H. S. millies in eam inū congessit. SEN.

Illi tam prauæ mentis homini, vltima potio salúberrima fuit. SEN.

strument à tout faire.

Il suiuit le Prince Drusus que l'Empereur auoit fait general de son armee pour reduire en l'obeissance ceux qui s'estoient reuoltez en Austriche & Hongrie. Premier tesmoignage de l'affectió de Tibere qui le choisit pour conduire la ieunesse de ce Prince, & donner aux autres l'exemple du merite pour arriuer aux recompenses, & de la valeur pour aller aux perils.

Il reconnut l'humeur de Tibere, & y conforma le sien si parfaictemét qu'il sembloit que leurs cœurs n'eussent qu'vn mouuemét. Ceste conformité entretint l'affection, & de l'affection nasquit la confiance si entiere que Tibere ne se fiant à personne ne se deffioit de Seianus, n'auoit rien de secret ny de caché pour luy, & n'estoit ia-

Rector iuueni, & ceteris periculorum præmiorumque ostétator. TAC.

Tiberiū obscurū aduersum alios sibi vni incautū intectúmque effecit. TAC.

mais sans soupçõ sur les autres.
La faueur attire tous les cœurs,
& les yeux suiuent ceste nouuelle lumiere: Le senat luy cõ-
munique les grandes affaires, &
en reçoit l'ordre de sa bouche.
Par tout on voit les troupes sa- *Turba*
luantes qui le cerchent ou l'at- *salua-*
tendent pour luy faire la reue- *trix.*
rence. Les grands tiennent à
honneur ses commandemens; ** Il y a-*
s'il leur parle, il les oblige ; s'il *noit trois*
les regarde, ils sont contens; *admis-*
l'attendent le matin à l'entree *sions pour*
de la maison, se trouuent à son *faire sa*
leuer & à sõ coucher, les autres *cour le*
essuyent les affronts du portier, *matin.*
auquel ils font des presens pour ** Tel at-*
estre à la premiere ouuerture *tendoit*
ou admission : Et quand ils se *toute la*
presentent à l'Idole qu'ils ado- *nuict la*
rent, c'est à qui feindra mieux *premiere.*
l'admiration pour le loüer, ou *Duras*
la seruitude pour le flatter. Par- *foris ex-*
                                   pers foin-
                                   ni colit.
                                   S E N.

ler au gré de quelque Grand,
consentir à tout ce qu'il dit, admirer tout ce qu'il fait, approu-
uer tout ce qu'il veut, sont les
principales pieces de la complaisance & l'admiration fait
tousiours partie de l'office de la
flatterie.

Sa puissance ne faisant que
naistre, il voulut que l'on creut
qu'elle estoit appuyee sur vne
ferme resolution d'auancer le
seruice du Prince, & le bien de
l'Estat, & que l'on ne verroit
que de la iustice en ses actions,
de la prudence en ses conseils,
de la modestie en sa fortune. Il
portoit au dehors la moderation, au dedans l'ambition;
mais elle esclatoit en sa des-
pense, & en ses profusions, en

la magnificence de ses meubles
& tableaux, au luxe de ses fe-
stins somptueux comme sacri-

fices, en la beauté de ses basti-
mens dorez comme temples.
Industrieux & vigilant à dessein, il auoit l'esprit prompt à
descouurir les autres, & à prendre toutes sortes de formes,
l'accómodant seló les occasiós
à la simplicité ou à l'orgueil.

Estant seul Capitaine des gardes Pretoriennes, il les fit loger
en vn quartier de la ville, pour
au besoin les auoir toutes pre-
stes à sa disposition, representát
à Tibere que les soldats escar-
tez viuoient sans discipline, &
que se voyans tous les iours as-
semblez en vn mesme lieu, le
nombre leur donnoit entre eux
de l'asseurance & de la crainte
aux autres, & que l'esloigne-
ment des desbauches de la ville les tenoient mieux en raison.

Cela accordé & les logis or-

donnez, il commença de faire
glisser peu à peu sa creance &
son respect dans les cœurs, visi-
tant les soldats au corps de garde, les appellant par leurs noms
carressant les Capitaines & les
Tribuns, entretenant les vns
d'esperance, les autres de presens, & tous de bonnes paroles,
dont il ne faut estre auare.

Pour faire sa partie plus forte, il dressa ses practiques &
ses intelligences dans le senat,
procura que ses amis fussent
pourueus de commissions &
honorez de charges & offices;
estimant que ce n'estoit assez
d'auoir de l'authorité parmy les
gens de guerre, si la creance &
le respect luy manquoient entre les gés de Iustice & les Orateurs qui auoient du credit parmy le peuple.

En tous ses desseins il trouua

en Tibere tant de facilité & d'affection qu'il n'auoit peine qu'a demander & remercier : il ne luy refusoit rien, preuenant souuent ses demandes, & auoüant qu'il meritoit encores d'auantage : car non seulement en son priué , mais encores en plein senat , il l'appelloit le cō-pagnon de ses labeurs ; commande que son effigie fust esle-uee aux places publiques, reue-ree aux theatres , & portee à la teste des legions. C'estoit de-struire son seruice pour plaire à son seruiteur: car il ne peut aller bien quand le peuple prēd garde que la faueur transfere les honneurs souuerains du supe-rieur à l'inferieur , & que le Prince souffre vn compagnon pour l'aider à regner. Hercule veut bien qu'Atlas le soulage, mais il fait connoistre que l'O-

lympe eſt plus aſſeuré ſur ſes eſ-
paules que de nul autre. LE
REGNE EN MESME TEMPS,
NE PEVT ESTRE A DEVX.

Il forma toutes les actions de
Tibere à la rigueur & a la ſeuerité; afin qu'il perdit l'affection
du peuple, qui ne peut vouloir
bien à qui ne luy fait que du
mal. Il eut peu de peine a luy
perſuader la cruauté: toutes ſes
inclinations y alloient, & en ſa
premiere ieuneſſe Theodore
ſon Precepteur en Rhetorique
l'appelloit *de la boué deſtrempee de
ſang*; tellement qu'il n'auoit qu'à
eſpier & recercher les occaſions
pour exciter ſa colere, qui ne
s'appaiſoit iamais ſans victime.

Les charges & les dignitez ſe
conferoient à la recommanda-
tion de Seianus. C'eſtoit aſſez
pour prouuer le merite que d'alleguer ſon alliance, & iurer par

ſa faueur, & neantmoins Tibe- en appa-
re veut que l’on ſçache qu’il cō- rence le
ſidere plus l’vn que l’autre pour merite.
eſuiter le blaſme, d’oſter à la
vertu pour donner à la fortune.
Il auoit nommé deux Procon-
ſuls d’Afrique, Lepidus &
Blæſus, & pour ſe deſcharger de
la malveillance de celuy qui ſeroit exclus, il renuoya au Senat
l’eſlectiō du plus capable. L’vn
eſtoit homme de grande conſi-
deration, l’autre eſtoit oncle de
Seianus, & pour ce ſeul reſpect
aſſeuré de l’emporter. Lepidus qui ne veut entrer en con-
currence auec le plus puiſſant
& plus fauoriſé, s’excuſe ſur ſon
indiſpoſition, le bas aage de ſes * C’eſt
enfans, vne fille preſte à marier; vne gran-
le Senat le prend au mot, car il de impru-
ſuit le vent de la faueur : Blæſus dence de
fait ſemblant de refuſer ceſte diſputer
charge, & tous les flatteurs vne charge contre
ceux qui
ſont ſup-

crient qu'autre que luy ne la peut meriter.

La mesme faueur qui l'auoit esleué le maintint, & honora ses moindres seruices des plus grandes recompenses. Apres qu'il eut non desfait, mais poussé les trouppes de Tacfarinas, Tibere commanda aux Legions de le saluer comme Empereur, luy ordonna le Triomphe, qui toutesfois n'appartenoit qu'à la victoire entiere, & pour toutes raisons declara que c'estoit pour l'amour de Seianus son nepueu. Qui auoit Seianus pour protecteur, n'estoit en peine de cercher des honneurs; qui l'auoit pour ennemi, languissoit dans le mespris & la misere. On n'auoit point d'honneur sans sa faueur, & on ne la pouuoit auoir auec innocence & honneur. Il fit entrer au se-

nat Iunius Otho, qui n'auoit
iamais fait autre profession que
d'ēseigner aux escoles. Il se seruit de luy pour ruiner C. Silanus Proconsul d'Asie, l'accuse
de concussion, & d'auoir donné en sa charge plus de pouuoir
à l'argent qu'a la Iustice. Il en
estoit quelque chose, mais on y
adiousta d'autres recerches d'où
les plus innocēs eussent eu peine de se desueloper. On luy mit
en teste les plus celebres Ora- *Proprins*
teurs de l'Asie, encores qu'il ne *metus*
fust assisté de persóne, ni accou- *exercitā*
stumé deparler en public, & que *quoque*
la peur qui trouble les mieux di- *eloquen-*
fans, & l'eloquence plus hardie *tiam de-*
met en desordre son discours. *bilitat.*
                                                        T A C.

    Tibere le pressoit & de la
voix & du geste si viuement &
par des demandes si vites & ani-
mees qu'il en estoit comme
estourdy, ne les osoit reietter

Sæpe
etiam cõ-
fitendum

pour ne l'irriter, & se voyoit
contraint de les confesser pour
ne rendre l'interrogat sans effect. Quelle misere! Le respect
du Prince oblige l'accusé de
trahir son innocence.

Au nombre de ces accusa-
teurs Iunius Otho creature
de Seianus estoit des plus pas-
sionnez : car ne faisant qu'entrer en ceste charge de Senateur
il recerchoit les occasions de re-
hausser l'obscurité de son commencement par l'impudence
& l'effronterie de ses conseils,
tenant les plus extresmes pour
les plus salutaires.

Silanus ayma mieux recourir
à la bonté de Tibere que de se
fier à sa deffense, il presenta vne
requeste pour l'implorer : mais
Tibere qui s'en vouloit des faire
monstra qu'en ceste accusation
il ne suiuoit que l'intention des

Loix. Et d'autant que ce qui se
fait par exemple porte son excuse, il fit tirer des regiſtres vn
arreſt donné ſous Auguſte contre Voleſus Meſſalla, qui auoit
eſté auſſi Proconſul d'Aſie:
mais ſi les qualitez eſtoiét ſem-
blables, les vies & les charges
eſtoiét en tout differentes. L'vn
cruel l'autre auare, ceſtuy-cy
eſtoit homme inhumain qui ſe
promenant ſur la place, où en
vn iour il auoit fait abatre trois
cens teſtes, appelloit cela vne
choſe royale & de grande magnificence.

    Comme l'on vint aux opi-
nions pour le iugement, Lucius
Piſo ayant ietté quelques belles paroles à la loüange de la
clemence de l'Empereur fuſt
d'aduis que l'on interdit l'eau
& le feu a Silanus, & qu'on le
releguaſt en l'Iſle de Gyare. Ce-

Íte opinion fut fuyuie des autres, Lentulus adioufta que l'on
deuoit laiffer au fils les biens
maternels, & Tibere le trouua
bon. Mais Cornelius Dolabel-
la pouffant la flatterie plus outre, & blafmant aigrement les
actions de Silanus, dit que de-
formais on ne donneroit les
gouuernemens des Prouinces
qu'à ceux qui feroiét de vie fans
reproche, & de reputation entiere, & au iugemét de l'Empereur: car encores que les loix ne
fuffent ordonnees que pour punir les fautes faites il eftoit certain que fi on pouuoit empef-
cher de faillir on feroit vn grãd
bien, & pour ceux qui feroient
honorez de telles charges, &
pour ceux fur lefquels on les
exerceroit : car ceux-là con-
ferueroient leur innocence, &
ceux-cy leur repos. Tibere fit

*Antcire
ceteros
parat,
abfurdũ
in adu-
lationem
progref-
fus.
TAC.*

*Legibus
delicta
puniun-
turquan-
to melius
prouideri
ne pecca-
retur.
TAC.*

sur cela vn discours digne de sa prudence & de la cognoissance qu'il auoit des peuples, qui ne sont que trop prompts à d'escrier les actions des Magistrats, comme on disoit lors de l'Egypte qu'elle abôdoit en parleries & en artifices pour calomnier ses Gouuerneurs, & que plusieurs pour auoir euité la peine n'auoiét peu se desfaire de l'infamie, il parla en ceste sorte.

Ie n'ignore point de ce qui a esté publié contre Silanus, mais il ne faut iamais rien resoudre sur des simples bruits. Plusieurs se sont comportez dans les Prouinces tout autrement que l'on ne l'esperoit, ou que l'on ne le craignoit, car la grandeur & la difficulté des affaires qui se presentent esleuent le courage aux vns, l'estourdit & l'abaisse aux autres. Et d'autant que la science du Prince ne se peut estendre par tout, & ne doit estre destournee par l'ambition d'autruy, les loix sont ordonnez pour les choses faites: car ce qui est à faire est incertain. Pource nos Peres ont ordonné que si le crime precedoit la peine le suiuroit. Vous ne deuez changer, ce qui estant vne fois sagement ordonné, a esté en tout temps approuué. Les Princes sont chargez d'assez d'affaires, ils ont assez d'authorité, les droits diminuent quãd la puissance augmente, & NE FAVT VSER DE COMMANDEMENT AVX CHOSES OV LES LOIX ONT POVRVEV.

Ce discours fut approuué, & le lieu du bannissement changé à Cithere, parce que Gyare estoit trop rude & sauuage. Tibere monstra qu'il estoit capable de moderer son esprit quãd il n'estoit en colere.

Sejanus disposoit seul des offices & des commissions. Le peuple ne se mesloit plus de l'election desSenateurs, ne vendoit plus ses suffrages ni ses brigues, & pour le droict qu'il auoit aux commandemens sur les Magistrats, le Senat & les Legions, il se contentoit des spectacles, des ieux Cirsence: , & du drap que l'on donnoit pour liuree. Il n'y auoit plus personne qui eust veu la Republique , les marques de l'ancienne liberté estoient toutes affacees.

Le plus grand ornement de la ville de Rome estoit le Theatre de Pompee de telle estenduë, qu'il estoit capable de loger quarante mille hommes. Le feu s'y mit fortuitement ; Seianus l'esteignit, & empescha que le malheur de cest accident n'eust point de suite. Tibere proposant de le rebastir, loüa en plein Senat la diligence & vigilance de Seianus, les Peres pour luy plaire ordonnerent que son effigie seroit esleuee aupres du Theatre.

Mais comme les Princes ne font rien sans dessein, Tibere en fauorisant Seianus en auoit

magna
vis intra
vnum
damnum
sistitur.
TAC.

*Comme
le Prince
n'aime,
aussi
n'est-il
serui sans
dessein.

Non tam
beneuo-
lentia
prouexit
quàm vt
esset eu-
ius mini-
sterio ac
fraudi-
bus libe-
ros Ger-
manici
circum-
ueniret.
SVET.

vn, & Seianus en seruant Tibere en formoit vn autre. IL N'Y A POINT D'AFFECTION NY DE FIDELITÉ GRATVITES. Tibere vouloit que la bienveillance qu'il portoit à Seianus l'obligeast à le seruir sans condition, pour asseurer son authorité, & Seianus en seruant l'Empereur aspiroit à l'Empire, & vouloit mettre à couuert son ambition. Ce n'estoit pas affection en Tibere, ains necessité: car il se vouloit seruir des ruses & tromperies de Seianus pour ruiner la maison de Germanicus, & esleuer la sienne, & Seianus proposoit d'aller à l'Empire sur les ruines des deux. Son pouuoir n'alloit pas si viste que sa volonté, qui rencontroit de grands empeschemens : car la maison des Cesars estoit encores tout entiere, le fils ieune,

les nepueux grands : il ne pouuoit ruiner tant de personnes à
la fois : Pource la meschanceté
vouloit qu'il y eust de l'interualle entre ces terribles coups, *Dolus in-*
& qu'il machina la mort de *terualla*
scelerum
Drusus fils de Tibere au mesme *poscebat.*
temps que Tibere feroit mourir *TAC.*
Germanicus : car comme l'esprit apprehende plus les perils
esloignez que les presens. Tibere ne voyoit rien qui luy
donna de la ialousie que le frere, & rien ne faisoit peur à l'ambition de Seianus que le fils.

Le pire conseil qu'il luy don- ** Tous-*
na, fut de changer ce qu'Augu- *iours pe-*
rilleux
ste auoit ordonné , & hayr ce *changer*
qu'il auoit aimé : car la haine *l'ordre*
extréme qu'il porta à la maison *du prede-*
de Germanicus, refroidit ceste *cesseur.*
premiere affection qu'il trouua
quand il vint à l'Empire dans
les cœurs des Citoyens courans

Ruere
ruunt in
ſeruitiū
Conſules
Patres,
Eques.
TAC.

auſſi viſte qu'il vouloit à la ruine de leur liberté, & la roulans
a force de bras comme vn rocher dans le goulphe de la ſer-
uitude pour ne reuenir iamais
au deſſus.

Germanicus eſtoit & chery
& aimé du peuple, parce qu'il
eſtoit fils de Druſus, qui auoit
autrefois entrepris de remettre
le premier gouuernement de la
Republique, & en auoit com-
muniqué le proiect à Tibere
ſon frere: mais ceſtuy-cy le trahit & le deſcouurit a Auguſte.

Credeba-
tur ſi re-
rum po-
titus, fo-
rei, liber-
tatem
redditu-
rus.
TAC.
Augu-
ſtus ciui-
le reba-
tur miſ-
ceri ro-

On creut que le fils ſuccederoit
au deſſein du Pere, pour faire
renaiſtre la liberté, & que s'il
auoit l'authorité ſouueraine il
n'en vſeroit à la rigueur comme
Tibere, mais doucement comme Auguſte qui eſtoit Prince,
& paroiſſoit Citoyen, & ne deſ-
daignoit de ſe meſler dans les

recreations populaires. Pource
Germanicus regnoit dans les
cœurs, & Tibere ne regnoit
que dans les Prouinces: & comme il fut aduerty qu'il auoit pa-
cifié l'Allemagne, qu'Aggrip-
pine sa femme y auoit fait tout
ce que peut vn chef d'armee,
pour monstrer son courage aux
ennemis, sa liberalité aux soldats, sa prudence aux seditions,
il en fut ialoux: & la ialousie de-
generant en vne haine mortelle luy fit dire cecy. *Qu'auront les
Empereurs de reste, puis qu'vne femme entreprend de commander aux hommes, visiter
les corps de garde, obligeant les soldats de
bonnes paroles & de grands presens?*

Seianus qui n'aymoit point
Agrippine, & cognoissoit l'humeur de Tibere, qui ne pouuoit
souffrir qu'on chocquast l'authorité souueraine, qui est si de-
licate, que pour bellemét qu'on

la touche on la blesse, ne man-
quoit de discours pour entrete-
nir la ialousie & les ombrages,
adioustoit la deffiance au soupçon, & au soupçon la peur, pre-
parant de loin la haine de ce
Prince afin qu'en son temps elle esclattast.

Germanicus reuient d'Allemagne ; toute la ville s'en res-
ioüit. Tibere commande qu'on
ne laisse sortir que deux cõpa-
gnies des gardes pour luy aller
au deuãt: tout le peuple y court
pour se donner tant plustost le
contentement de voir ce qu'il a
si longuemẽt desiré & attendu.
Tibere en à vn tel despit qu'il se
resout de faire perir ce braue
Prince, qui ne faisoit qu'entrer
au xxxiiii an de son aage, &
auoit desia autant de reputation qu'vn autre en eut sçeu ac-
querir en vn siecle tout entier.

Cela

Odia in
longum
iaciens,
quæ recõ-
deret au-
ctáque
promeret.
T A C.

Populus
omnis vs-
que ad
vicesimũ
lapidem
se effudit
S V E T.

Cela tardoit à Seianus , qui
pressé du desir de regner, croyoit
que ce grand pouuoir qu'il auoit
aux affaires, n'estoit que seruitude, tant qu'il recognoistroit
vn superieur. Tibere par son aduis envoya Germanicus en Scla-
uonie sous couleur de l'honorer
des principale charges de l'Empire: luy donna pour Lieutenant
Gn. Piso, homme malin, super-
pe, violét, auec pouuoir de veiller ses actions, se mettre au deuant de tous ses desseins. On dit
que Seianus luy donna par escrit
le commādement de faire mourir ce pauure Prince.

Il l'executa. Germanicus passa en Egypte, & y estant voulut
voir le bœuf Apis, pour sçauoir
quelle feroit son aduenture. Il
luy presenta à manger. Apis ne
voulut rien prendre de sa main,
& cela fut pris pour signe cer-

tain de ſa mort. Il fut atteint
d'vne maladie longue & dou-
loureuſe, & l'opiniõ qu'il eſtoit
empoiſonné en augmentoit la
violence : car il l'a tenoit incu-
rable : Le bruit en vint à Rome,
& plus grãd que le mal : car l'eſloignement le renforçoit. On
n'entédit lors que pleurs & que
plaintes; *Et c'eſt pour cela,* diſoit on,
*qu'il a eſté relegué au bout du monde, qu'on
a fait Piſo ſon Lieutenant ; & ſont les menees de l'Imperatrice auec Plancina femme
de Piſo. Pauure Rome on ne peut aimer
ceux qui t'aiment, on n'oſe murmurer contre
ceux qui te ruinent:* & là deſſus des
imprecations vehementes &
mortelles contre Seianus.

On ſceut par des marchands
d'Egypte qu'il commençoit à
ſe mieux porter. Ces bonnes
nouuelles furẽt auſſi toſt creuës
que publiees. Les ruës ſont trop
eſtroites à la preſſe du peuple

qui court aux Temples pour entendre graces aux Dieux. La
nuict fauorise le bruit, la creance semble plus facile & couste
moins dans les tenebres. Tibere
mesmes est esueillé de nuict par
les cris de ioye: on n'entend par
tout que ces mots, *Rome est sauuee,
La Patrie est sauuee, Germanicus est sauué.*

Apres que ce poison lentement violent eut consumé tout
ce qu'il y auoit de chaleur &
d'humeur en ce pauure corps,
tous ses amis iugerent bien qu'il
ne seroit en peine d'auoir ny de
voir le coq pour le sacrifier à Es-
culape, & que les Dieux ne luy
vouloient donner la vie pour ne
rendre la liberté à l'Empire Romain. En ceste extréme foiblesse, il tira de sa bouche cesdernie-
res paroles pour les mettre dans
les cœurs de sa femme & de ses
amis , que la douleur fondoit

Pronior in tene-bris af-firmatio. TAC.

Salua Roma, salua Patria, salus est Germa-nicus. SVET.

Germa-nicus ne pouuoit souffrir ni le chât ni la reste d'un coq. PLVT.

en pleurs & fendoit en pieces.

Si ie mourois selon l'ordre de Nature, encores me pourrois-ie plaindre iustement côtre les Dieux de ce qu'ils me rauissent auant le temps, à mes parens, à mes enfans, à ma patrie, & dans les annees de ma ieunesse. Maintenant que la course en est arrestee par la meschanceté de Piso & de Plancina, ie veux laisser dans vos cœurs mes dernieres prieres.

Ie vous coniure de representer à l'Empereur mon pere & mon Oncle, comme apres auoir esté offencé de cruelles iniures, & agité d'estranges disloyautez ie finis ma pitoyable vie par vne mort qui est encores plus miserable. Ceux qui ont suiui mes esperances qui sont de mesme sang que moy, & ceux mesmes qui m'ont porté de l'enuie quand i'estois au monde auront de la douleur de me voir abattu par la trahison d'vne femme, lors que i'estois florissant & que i'auois eschappé la mort en tant de batailles, & vous aussi aurez suiet d'en faire plainte au Senat & d'implorer le secours des Loix.

Le principal deuoir des amis n'est pas de suiure le defunct par des cris & des pleurs qui ne seruent de rien: mais de se souuenir

Qui præmaturo exitu rapitur illi etiam aduersus Deos iustus dolor. TAC.

Vltimas preces pectoribus vestris relinquo. TAC.

Miserrima vita pessima morte finitur. TAC.

Erit vobis iocus querendi apud Senatum, innocandi leges. TAC.

Non decet defunctos Etiam gratio que-

ordonné. Germanicus n'aura faute de l'armes, ceux mesmes qui ne luy sont rien & ne
le connoissent point le pleureront, mais vous
le vangerez si vous auez plus aimé sa personne que sa fortune.

Faites voir au peuple Romain la niepce
d'Auguste, la femme de Germanicus & les
six enfans qu'il laisse. La compassion se
mettra de leur costé quand ils accuseront les
autheurs de ma mort, & si les accusez veulent feindre & controuuer des commandemens execrables (cela touche Seianus
(qui auoit donné le mot à Piso) les gens
de bien ne les croiront pas, ou ne permettront
qu'ils demeurent impunis.

Tous les assistans iurent en la
main de Germanicus de mourir ou de vanger sa mort, chacun desplorant la perte d'vn si
braue Prince, qui en ses deportemens retenoit la grandeur &
la grauité de sa fortune, & n'a-
uoit en ses paroles que de la
douceur & de la courtoisie. Il se
tourne deuers sa femme, la con-
iuré par l'amour qu'il luy auoit

situ perse-
qui.
TAC.
l'indica-
bits vos,
si me po-
tius quā
fortunā
me anso-
uebatis.
TAC.
Fingn-
tibus sce-
lesta mā-
data .. us
non cre-
dent ho-
mines, :
aut non
ignof. ēt.
TAC.
Magni-
tudinem
& gra-
uitatem
summa
fortunæ
retinens
ius diam
& arro-
gantiam
effugit.
TAC.

porté, par la fouuenance qu'elle auroit de luy & par leurs communs enfans de moderer & humilier vn peu fon courage , de l'accommoder au temps , & le faire ployer à la rigueur de la fortune , en attendant qu'elle s'adoucit. Prenez garde m'amie fur tout quand vous ferez à Rome de ne donner de la ialoufie à ceux qui ont plus de pouuoir que vous , & n'employez la bienveilláce quevous trouuerez dás les cœurs du Senat & du peuple pour fairequelque cócurence à leur faueur & ambition.

C'eftoit le plus falutaire confeil qu'il luy pouuoit donner: mais elle fe fuft tenuë indigne d'eftre niepce d'Auguste , femme de Germanicus ; & mére de fes enfans, fi elle euft faict plus d'eftát de la fortune que de la vertu , & recerché d'entrer

aux faueurs de l'Empereur par
celle de Seianus.

Quand le peuple de Rome
ſceut que Germanicus eſtoit
mort, ſa douleur fut d'autant
plus grande qu'il croyoit qu'on
le luy auoit raui vne autrefois,
& l'on ne veit par tout que dueil
qu'affliction. On doute s'il auoit
eſté tué ou par le poiſon ou par
ſorcellerie. On creut l'vn parce
que ſon cœur ne ſe bruſlapoint,
& l'on publia l'autre, ſur ce que
l'on trouua autour de luy & en
ſon lict des oſſemens de morts,
des carracteres & des charmes.

Les amis de Germanicus pu-
blient par tout que Piſo l'a fait
mourir, qu'Agripine s'en ven-
gera, mais receuant la nouuelle de ceſte mort en l'Iſle de Co,
il en fait des ſacrifices, Plancina ſa femme en viſite les temples, il ne ſe ſoucie des menaces

*Quaſi
rurſum
ereptum
acrius
doluit.
T A C.*

*Cremati
cor inter
oſſaincor
ruptum
repertum
eſt, cuius
ea natu-
rārt ta-
ctam ve-
neno igne
confici
nequeat.
S V E T.*

*Piſo in-
tempe-
ranter
accepit*

Germa-
nicum
excessisse,
eadit vi-
ctimas
adit tem-
pli, ma-
gis insole-
scente
Plancina
T A C.

d'Agripine, & ne pense que de s'establir dans le Gouuernemét de Syrie, croyant que le seruice qu'il auoit rendu à Tibere suffisoit pour le garātir de la peur de ceste vengeance, & l'asseurer de la recompense de son merite.

Sur sa resolution d'aller en Syrie, son fils l'aduise de se rendre à Rome sans apprehender les bruits vains, & les foibles soupçons pour rompre ou preuenir les desseins de ses ennemis, &

Suspicie-
nes imbe-
cillæ aut
inania
famæ non
pertimes-
cenda.
T A C.

gagner l'aduantage des premieres impressions : Qu'il ne deuoit penser si tost à se remettre dans

Apud mi-
lites re-
cens im-
peratoris
memoria
præuale't.
T A C.

le Gouuernement de la Syrie, puis que Sentius en estoit pour-ueu : Qu'il ne pouuoit esperer grande obeyssance d'vne armee qui deploroit encores la mort de Germanicus, & regretoit sa memoire : Qu'il se repentiroit, attirant sur luy le blasme d'vne guerre ciuile.

Domitius Celer au contraire.
Qu'il deuoit reprendre la charge qu'on luy auoit ostee, & rem-
plir la place qui estoit vuide:
Qu'il y auroit de l'imprudence
& du peril d'arriuer à Rome au
mesme temps qu'Agripine y ar-
riueroit, & que le peuple seroit
esmeu par ses cris & ses pleurs:
Qu'il estoit necessaire de donner du tēps à ces premiers bruits
pour les faire vieillir, & que l'innocence à peine de resister aux
efforts violens d'vne enuie qui
ne fait que naistre : Qu'il deuoit
aller en Syrie prendre le commandement en l'armee, & l'authorité au Gouuernement, &
qu'il n'y auoit que d'auoir les armes en main, s'esclaircir en la
campagne, & que les choses qui
soquent estoient apprehendees
cōme perilleuses, reüssissoient

Vtendum euentu DOM. CEL.

Relin-quendum rumoribus tempus quo senescant, plerumque innocentes recenti inuidiæ impares. TAC.

Mulsa... quia prouider. non possunt fortuitò in melius recidunt. TAC.

plus seuremẽt qu'on ne les pouuoit ny preuoir ny attendre: Qu'il ne deuoit riẽ craindre puis que l'Imperatrice estoit interessee en sa cause, & Tibere obligé de le desgager: mais que le fauorisant en secret il trouueroit mauuais qu'on precipitast cest affaire pour le forcer a le soustenir en public: Qu'il estoit certain que les plus contens de ceste mort seroient semblant d'en estre plus affligez.

Piso dont l'esprit alloit plus volontiers aux resolutions perilleuses auec courage, qu'aux faciles auec prudence, suiuit ce conseil, & s'achemina en Syrie, mais il trouua en teste Gn. Sentius, qui pour n'auoir ny souffrir vn compagnon en sa charge le chassa de la Prouince, l'assiegea en vn chasteau de Cilicie, & le contraignit de se rendre &

prendre le chemin de Rome.

Cependant Agrippine s'em-
barque sur mer auec les cendres
de Germanicus son mary ; &
prenant terre est receuë auec de
grands honneurs de tous les or-
dres de Rome, qui tesmoignent
vne douleur extréme pour la
mort du mari, vne ioye incroyable pour le retour de la femme
& des enfans. Le peuple appelle Agripine l'honneur de la Patrie, le seul & le vray sang d'Auguste, l'exemple de la gloire an-
tique, & adiouste à ses cris des
vœux & des prières pour le salut
de la vefue & des pupilles, & la
ruine de leurs ennemis.

Tibere fut fort offensé de ces
applaudissemens, & ne parut
point à ceste reception craignât
que le front ne produit le contentement du cœur pour la
mort de Germanicus, & com-

manda au peuple de moderer ceste affliction, & de la suppor-ter comme il auoit fait la def-faite des armees & la perte de ses Capitaines, la ruine de ses grandes familles.

Piso arriua incontinent apres, se souciant si peu des menaces d'Agripine que Marcus Vibius amy de Germanicus, luy disant qu'il deuoit aller à Rome pour se purger, il respondit fieremét & en se moquant, *Vous m'y verrez quand le Preteur qui fait l'information des Venefices aura decreté l'adiournement à l'accusé & aux accusateurs.*

Il entre à Rome en grande sui-te magnifique & superbe, sa femme braue & ioyeuse, les portes de son logis reuestuës de lauriers, dequoy le peuple s'ir-rita d'auantage. Le lendemain il est accusé de la mort de Ger-manicus, & Tibere prié d'en

prendre cónoissance. Piso le desire, car il redoute l'affection des
Peres à la memoire de German.
& s'asseurant que son garand seroit son iuge, aymoit mieux dependre de l'authorité d'vn seul
que de la passion de plusieurs.

Tibere se vit en peine de condamner le coulpable & d'absoudre sa conscience : car il sça-
uoit les bruits que la verité
auoit fait courre par tout contre luy & sa mere, & que Piso
n'auoit esté que l'instrument de
ce Parricide. Il voulut traicter
l'affaire auec peu de bruit, &
ouyt les accusateurs en presen-
ce de Seianus, & quelques vns
de ses plus confidens & fami-
liers, Ils demandent Iustice &
adioustét les menaces aux prie-
res.Il ne faut point douter qu'on
le conseilla de laisser perir Piso
plustost que de permettre que

sa reputation fust offencee, &
les Princes ne se seruent des
hommes que tant qu'ils leur
sont necessaires.

Mais parce que l'Histoire nô-
me Seianus l'inuenteur de toutes les meschancetez, il passa
plus outre, & dit que l'Empereur ne se deuoit mesler de ces
affaires, car condamnant Piso, il
rehausseroit trop l'orgueil d'A-
gripine, & en le declarant innocent on diroit que la faueur auroit opprimé la Iustice, il n'osoit
pas dire que le complice absou-
droit le criminel: qu'il estoit necessaire de le remetre au Senat,
& que s'il y estoit condamné on
rapporteroit le iugement à la
passion de la maison de Germanicus, si absou le blasme en demeureroit aux Senateurs.

Seianus alla faire le bec à Piso,
l'asseura de l'impunité de tous

les autres crimes, pourueu qu'il
ne confeſſa le ſecret de ceſtuy-
cy, que l'Empereur eſteindroit
le feu qu'il auoit allumé, & ne
permetroit que le malade mou-
ruſt de la maladie dont il eſtoit
cauſe, & que ſa reputation, la
ſeule machine de ſon authorité
l'obligeoit à ſe perdre pluſtoſt
que de ne le ſauuer.

Piſo compare au Senat, on
donne des Orateurs pour parler pour les accuſateurs, & d'autres pour deffendre l'accuſé. Le
ſuiet eſtoit digne de l'eloquence des plus habiles, & de ceux
meſmes non qui recerchoient
les affaires, mais qui eſtoient
recerchez par les affaires, & qui
en aymoient mieux l'importance & la qualité que le nombre & la multitude. Tibere
fit vn diſcours auec vn tel tem-
perement entre l'accuſation

& l'accusé, que l'on iugea bien que l'artifice estoit premedité. Toute la ville prestoit l'oreille pour sçauoir quelle seroit la creance des amis de Germanicus, l'asseurance de l'accusé, la contenance de Tibere, & s'il pourroit bien couurir & retenir le sentiment de sa passion, ou s'il permettoit qu'elle esclatast. Et le peuple qui autremét ne se soucie des affaires se donnoit en cela beaucoup de licence côtre le Prince, soit qu'en parlant en secret il monstrast sa medisance, ou que par le silence il descouurit ses soupçons.

Vous sçauez mes Peres, dit Tibere, *que Piso a esté autresfois l'amy d'Auguste mon Pere, & son Lieutenant en l'armee d'Espagne, & que par l'aduis du Senat il fut donné à mon neueu Germanicus pour l'assister au Gouuernement des affaires de l'Orient. C'est maintenant qu'auec des esprits purs & entiers il faut iuger, si pa*

errogance ou par entreprise d'authorité il a
blessé l'esprit de ce ieune Prince, s'il s'est esiouy de son deceds, ou si proditoirement &
meschamment il l'a fait mourir.

Car si en ceste charge de Lieutenant il a
passé les termes du denoir, s'il a quitté le
respect qui est deu au general, s'il a monstré
du contentement en sa mort & en ma tristesse, il n'y a que tenir qu'il n'encoure mon
indignation. Ie vous iure que ie le chasseray
de ma maison, & vangeray mon offense, non
en qualité de Prince, mais comme personne
priuee.

Et si vous descouurez quelque meschanceté, qui non seulement doit estre vengee en
ceste mort, mais en celle de qui que ce soit. ie
vous coniure de considerer en cela vostre douleur, celle des enfans de Germanicus & de
nous qui sommes ses proches & ne nous re-
fusez vne iuste consolation.

Pensez d'vn costé comme Piso s'est com-
porté en l'armee, s'il a fait du trouble & de
la sedition, s'il a recerché les affections des
gens de guerre pour aspirer au commandement, & si apres que Germanicus luy a osté
sa charge il s'est essayé d'y rentrer par armes. Voyez de l'autre costé si ces choses fausses & controuuez ont esté publices par les

Legatus
officii
terminos
& obse-
quium
erga im-
perato-
rem non
exuit.
TAC.

Facinus
in cuiuf-
cunque
mortaliu
nece vin-
dicandu.
TAC.
Quæsita
per am-
bitionem
studia
militum.
TAC.
Falsa in
maius
vulgant
accusato-
res TAC.

Nemiis studiis accusatorum iure succenset Princeps. TAC.

Incerta adhuc, scrutanda sunt. TAC.

Reus cū- Ecta pro- ferat qui- bus inno- centia eius su- bleuari possit. TAC.

Obiecta crimina pro ad probatis non acci- pienda. TAC.

Si cui propin- quis san- guis, aut fides sua patronos dedit,

accusateurs pour veritables & de plus grande consequence qu'elles ne sont.

Pour moy ie ne sçaurois celer que ie ne sois offensé de la passion qu'ils y ont apporté. Car si on n'est pas encores bien certain de la cause de la mort, & s'il en faut informer, à quel dessein ont ils exposé son corps nud en la place publique d'Antioche, & l'ont laissé manier & considerer à la populace, si ce n'a esté pour faire courre le bruit parmy les estrangers qu'on l'auoit empoisonné, & tirer de ce bruit plus d'aigreur que de preuue.

A la verité ie regrette Germanicus mon fils, & le regretteray toute ma vie, mais ie n'empesche que l'accusé ne mette en auant tout ce qu'il aura pour soustenir son innocence, & prouuer le tort que luy à fait Germanicus.

Partant ie vous coniure de ne receuoir les charges pour preuues, sous couleur que ceste cause est coniointe à ma douleur. Et vous autres qui par droit de parenté ou d'amitié auez entrepris la deffence de l'accusé, employez ce que vous aurez d'industrie & d'eloquence pour tirer de peril son innocence. I'exhorte les accusateurs d'apporter de mesme de la constance à leur poursuite. Toute *la grace que nous ferons à Germanicus par dessus les Loix ne sera que d'auoir informé de sa mort au Palais plustost qu'en la place, & plustost par les Senateurs que par les Iuges ordinaires. En toute autre chose moderation esgale. Ne considerez les larmes de mon frere Drusus sur son fils, ny les miennes sur mon nepueu, & encores moins tout ce que la mesdisance peut feindre contre nous.*

Il fut dit sur cela que l'accusation seroit instruite dans deux iours, que les accusez auroient six iours pour se preparer à y respondre, & qu'en trois iours ils feroient la responce. Elle fut hardie pour refuter l'empoisonnement, la hardiesse donnoit quelque fauorable presumption pour l'innocence : mais elle chancella aux autres crimes.

A la premiere seance Vitellius & Veranius rapporterét au Senat les dernieres paroles de Germanicus, qui attendrirent les cœurs à la pitié, comme la

bien-veillance les auoit desia
preparez à la faueur, Fulcinius
Trio à qui crier & parler estoit
mesme chose, curieux d'acque-
rir de la reputation à mal faire
commença l'accusation ; mais
parce qu'il n'apportoit que des
choses generalles & des vieilles
recerches de ce que Piso auoit
fait, le Senat n'y eust point d'es-
gard : car tout cela ne pouuoit
nuire à l'accusé quand il en eust
esté conuaincu, ny seruir à son
absolution quand il s'en fust iu-
stifié, si d'ailleurs il eust esté atteint de plus grands crimes.

Vitellius accompagna la ve-
hemence & la force de son discours d'vne grãde grace & grauité, parlant en ceste sorte. Encores P. C. que la qualité de
ceux qui se plaignent merite
d'estre cõsideree, cela n'est bon
qu'à ceux qui cerchent du sup-

Celebre
inter ac-
cusatores
Trionis
ingenium,
auidum-
quefame
male.
TAC.

Vetera
& ina-
nia quæ
neque cô-
uictis no-
xæ reo.
TAC.

* La cõ-
sideratiõ
de la qua-
lité des
accusa-
teurs
rêd l'ac-
cusation
plus for-
te.

port ailleurs que dans la iuſtice,
& les raiſons de leur propre
plainte.

Ceſte cauſe porte ſa faueur, &
n'a beſoin d'autre ſecours que
celuy des Loix , que l'on ne
refuſe au moindre homme du
monde. Ie pourrois dire que
ceux qui l'implorent maintenant ſont de telle qualité, que
ſi on le deſnie l'Empire n'aura
plus affaire ny de Loix ny de Senat. Le ſang d'Auguſte demande vengeãce, le peuple l'attend,
les Iuges la doiuent , & vous
Cæſar y eſtes obligé, & comme
Prince & comme Parent.

Ie ne pretens rendre ceſte accuſation fauorable , qu'en re-
preſentant le crime comme vn
Prodige , le criminel comme
vn parricide, & l'excedé tel que
chacun l'a pleuré , les nations
eſtrangeres l'ont admiré , les

alliez le regretent, ceste ville louë en toutes choses la mode-ration, excepté en vne si iuste douleur, Germanicus n'est plus! ô quel regret! nous l'auons per-du, quel malheur! Germani-cus les delices du monde, l'a-mour de la Patrie, qui auoit tant de bonté pour les Citoyēs, tant de courtoisie pour les al-

liez, tant de modestie pour les estrangers, a esté tué miserable-ment & proditoirement. Et par qui? Par Piso, homme impie & ingrat; Par qui encores? Par Plancina vne furie desguisee en femme: Par quels moyens? Par les charmes & les poisons: Qui sont les complices? Des Sorcie-res tirees de l'Enfer: Et pour-quoy? Pour venger l'iniure & vsurper le commandement.

Les esprits des meschans P.C. ne se deprauēt pas tout à coup,

& n'y en a point qui espouse la
meschanceté pour le seul plaisir. Ils forment de loin à loin
leurs desseins, & les portent aux
extremitez. Piso par les fautes
legeres est monté aux plusgran-
des, par l'auarice aux concus-
sions, d'icy, aux practiques, puis
à l'ambition, & de l'ambition
au violement de l'authorité des
Loix pour aller au mespris de la
puissance des Dieux. Il a donné
à l'Espagne des preuues de son
auarice, à la Syrie de son ambition, à la maison de Germanicus de son impieté.

Si tost que vous l'eustes ho-
noré de la charge de Lieutenant
de Germanicus, il ne dissimula qu'il pretendoit à celle de
General, & fit des menees à
Rome pour le rendre odieux à
son Pere & en l'armee pour le
faire mespriser des soldats. Il

les practiqua pour les attirer à sa deuotion, chassa les Tribuns qui ne vouloient dependre de luy, remplit leurs charges de personnes confidentes, & pour se faire aymer des gens de guerre permit l'oysiueté au camp, les desbauches aux villes, l'insolence à la campagne & deslors suft appellé Pere des Legions. D'autre costé Placine alloit du pair auec Agripine, & entreprenoit des choses par dessus la bien-seance des femmes, se trouuoit souuēt aux exercices des Caualiers, & aux courses des cheuaux legers.

Et bien que cela fuft rude a vn esprit de qui toutes les actions estoient ciuiles, il ayma mieux les diffimuler que d'ennuyer l'Empereur son pere de plaintes importunes. Il commanda à Piso de mener en l'Armenie vne partie des Legions, ou d'y enuoyer

Desilia in castris licentia in vrbibus. TAC.

Eo vsque corruptio nis prouectus vt in sermone vulgi parens legionum haberetus. TAC.

Secreta stadia pati non potest animus ad ciuilia cretus agēdique cupidus. SEN.

uoyer son fils, il ne tint conté
ny de l'vn ny de l'autre, & perdit l'occasion d'vn grand seruice à l'Empire. Quand il estoit
au Conseil aupres de Germanicus, ou au Siege de Iustice au
dessous de luy, il s'opposoit fie-
rement & impudemmét à toutes ses opinions.

Ie diray vne insolence incroyable, mais si certaine qu'il ne l'o-
sera nier, pour monstrer que la
sottise & la malice estoient cõ-
pagnes & sœurs en toutes ses
actions. Estant au festin du Roy
des Nabates, comme il veit que
les Couronnes d'or qu'on luy
donnoit n'estoiĕt, ni de la beauté ny du poix de celles de Germanicus, d'Agripine, il les ietta
à terre & égalemét sot & malin,
se print à reprendre la somptuo-
sité du festin, discourut côtre le
luxe, & dit qu'vne telle despen-

C

Si quan-
do adsi-
deret
atrox ac
dissentire
manife-
stus.
T A C.

se estoit bonne pour vn Empereur de Rome, & non pour le
fils du Roy de Partes.

    Pauure sot, pensois-tu apres
cela de trouuer iamais ny crea-
ce en l'esprit, ni seureté a la suite de Germanicus, que tu auois
si impudément offencé? encores qu'on le blasmast de ce qu'il
estoit trop bô, qu'il en enduroit
trop. Croyois-tu qu'il y eust au
monde vne retraicte asseuree
pour te sauuer contre la colere
d'vn Prince du sang d'Auguste?
As-tu ouy dire que les cœurs de
ceste naissance sont offencez
impunémêt. Et voila pourquoy
Plancina qui ne s'estimoit pouuoir estre heureuse, tant qu'A-
gripine le seroit, dit qu'il falloit
ou perir ou se venger, & arracher ceste espine de ton cœur,
ou souffrir qu'on le t'arrachast
de la poictrine.

Qui a of-
fencé vn
Prince
n'a autre
seureté
qu'en
l'esloi-
gnement.
Erat
Germa-
nicus
clemen-
tior.
TAC.

Nunquã
erit felix
q. êtor-
quebit
fælicior.
SEN.

Admirez P.C. la bonté & ge-
nerofité de ce Prince, qui ayant
efté offenfé fi fouuent & fi viuement par Pifo, s'eft toufiours
côtenté de luy faire cognoiftre
qu'il fe pouuoit véger, & l'a fau-
ué lors qu'il le pouuoit perdre.
Il le vint trouuer à Rhodes, &
eftant bien aduerti de toutes les
menees qu'il auoit fait contre
luy, mais il fe comportoit enuers luy auec tant d'efgalité &
de moderation, que fur l'aduis
qu'il recent que la tourmente
l'auoit ietté dans les bancs, il
luy ennoya des vaiffeaux pour le
defgager, encores que s'il l'euft
laiffé là, autre que le hazard
n'euft efté accufé de fa perte, &
la Fortune euft confpiré auec fa
vengeance.

Germanicus vifitant l'Egypte
eut la curiofité de voir les four-
ces du Nil (ce fleuue memora-

Perifcir-
confcripti
PLVI.

* C'eft
vne gene-
reufe for-
te de ven-
geance
de faire
voir à fõ
ennemy
qu'on fe
peut ven-
ger.
Nefcius
quibus
infecta-
tionibus
peteretur
manfue-
tudine
tamen
agebat.
TAC.
Poteft
quidoq.
interitus
inimici
ad cafum
referri.
TAC.

ble qui a commencé auec le monde) & au retour trouua que Piso auoit changé l'ordre qu'il auoit mis aux affaires à son depart, que ce qu'il auoit asseuré estoit esbranlé, & ce qu'il auoit recommandé mesprisé. Il s'en fasche, ses seruiteurs l'animent à s'en ressentir, & la dissimulation ne retint sa colere qui parut par ses paroles, & sa vengeance par ses menaces. Piso se retire, Germanicus tombe malade, Piso qui sçait iusques où doit aller la maladie ne va pas loin, & la violéce du poison haste la mort.

Hà, cruel ! escoute les paroles de ce Prince mourant, & paroles mourantes qui viuront eternellement en la memoire des Romains. *Ie meurs miserablement en la fleur de mon aage, par la trahison de Piso & de Plancina. Ie vous coniure mes amis*

de faire voir au peuple Romain, que ces mef-
chans coupent la gorge à la niepce d'Auguste & à six petits enfans. Où sont les
cœurs que ces paroles ne bro-
yent & ne brisent ? Et tu vis encores Piso, & le Soleil t'esclai-
re encores ? Ta conscience ne
sçachant où te cacher, t'a conduit icy pour y estre puny, & n'a
peu consentir à la seureté que
tu cerchois autre part. Comme
elle t'a manqué pour resoudre
ce crime, elle-mesme t'a trahy
pour te conduire à la peine ?
Qu'as-tu fait depuis ce parricide ? Tu visitois les villes de l'A-
sie ; Tu passois ton temps aux
belles maisós de l'Achaïe. C'e-
stoit pour faire esuanouyr les
preuues, & mourir les tesmoins.
Il a fallu P. C. mettre Piso en
estat de vaincu pour le reduire
en celuy d'accusé.

Il n'eust pas fait comme le

*Mihi
fasces
& ius
prætoris,
mihi le-
giones
datæ.
TAC.*

bon homme de Valerius Publi-
cola qui eſtant accuſé, quitta ſa
maiſon de Velia & ſe logea au
village, afin qu'il ne donna de la
peine à ſe faire cercher. Qui eſt
innocét ne fuit pas le iugemét,
& qui eſt coulpable s'eſloigne
des Iuges.

Si on l'accuſoit d'auoir pris les
armes, il propoſoit de ſe couurir du pouuoir qu'il auoit eu en
la Syrie ſous Germanicus ſon
General, ſi d'auoir mis la main
ſur les deniers publics, il croyoit
que la part qu'il en feroit à ſes
amis ſauueroit le reſte. Pour
peu eſchappe qui a beaucoup
deſrobé.

*✝ Quand
les grãds
ſōt ac-
cuſez ils
ſe doiuent
rendre de
facile
conuer-
ſation.*

Si Martina Fameuſe ſorciere
& empoiſonneuſe, grande amie
de Plancina n'eſtoit morte elle
diroit tout le ſecret de ceſte tra-
hiſon. Les amis de Germanicus la faiſoient conduire à Ro-

me, mais quand elle fut à Brindifi elle mourut foudainement,
& le poifon caché dãs les nœuds
de fes cheueux ne parut point
en fon corps.

S'il faut que les prefomptions
aident à la verité, on ne peut dire que ce Prince qui a trouué
moins de feureté entre les fiens
que parmi les eftrangers, ait efté
tué d'autre que par Pifo. Qui
l'euft entrepris? Il n'auoit offencé perfonne que luy, & pour le
reffentiment de cefte offence il
s'eftoit declaré fon ennemy,
auoit entrepris fur fa charge, &
l'on fçait qu'il eft mal aifé de fe-
parer le defir de la mort de celuy
de la fucceffion.

On a parlé autrefois en ce lieu
d'vn Profcript qui pour auoir le
bien de fa femme luy dit qu'il fe
vouloit tuer, elle repart qu'elle
l'accompagneroit. Il prepara la

Venenum
modo cri-
nium oc-
cultatum
nec vlla
in corpo-
re figna
fumpti
exitu re-
perta.
TAC.
Suorum
infidiis
externas
inter gê-
tes occi-
dit.
TAC.
* Ainfi
Leponi-
na fut
fon mary
Iulius
Sabinus
du temps
de Vefpa-
fian.
TAC.

drogue mortelle, mais auec telle ruſe que beuuant le premier,
il laiſſa à ſa femme le poiſon qui
pour ſa peſanteur eſtoit demeuré au fond du verre. Elle meurt,
il ſe porte bien, & iouyt du bien
qu'elle luy auoit laiſſé par ſon
teſtament. Iamais on n'eſchappe du poiſon qui eſt donné par
l'heritier.

Qui s'eſiouyt plus d'vne mort
que celuy qui la procuree? & qui
la deſire plus ardemment que
celuy qui l'a attendu plus impa-
tiemmét? Comme receut Piſo
celle-cy? Il fait des ſacrifices, il
tuë des victimes, Plancine eſt ſi
tranſportee de ceſte ioye qu'elle poſe le dueil qu'elle venoit de
prendre pour la mort de ſa ſœur
& ſe pare de ſes plus belles &
plus riches robbes.

Ceſte accuſation abondé en
tant de diuerſitez, & la reſolu-

tion de se desfaire de Germanicus a esté pourueuë de tant de
meschancetez, qu'elles se pres-
sent & se precipitent en foule
en ce discours, & y a de la peine
à les faire marcher d'ordre. I'a-
uois oublié de dire que Piso enuoya des espions pour sçauoir
l'estat de la maladie de Germanicus, & les accidens qui surue-
noient. Cela offensa le malade,
& troubla son ame, non de
crainte: car la mort ne luy fit iamais peur, mais de colere & de
regret apprehendant que si tost
qu'il seroit expiré Piso vsurpe-
roit le commandement sur les
forces, & que sa femme seroit à
sa discretion. Aussi Piso se fas-
choit que le poison estoit trop
lent, qu'il ne faisoit assez tost
son effect, & r'entra en Syrie
pour estre plus pres des Legions
& s'en seruir à l'occasion. C'est

C v

pourquoy Germanicus disoit en sa destresse, *Et quoy? s'il faut que ie meure dissipé par mon ennemy, & qu'il me voye rendre l'esprit, que sera-ce de ma femme esplorée, comme sera-elle traictée, que deuiendront mes enfans à qui en cet accident les larmes ne manqueront pour me pleurer, & n'aurōt point de paroles pour se plaindre.*

Aduienne ce que le Ciel voudra, Pison m'a osté la vie: mais il m'a laissé le courage, & ie ne le sens reduit à telle foiblesse, que ie consente iamais que le meurtrier tire sa recompense de ma mort. Sur ce il luy enuoya ‡ vne lettre de sa main, portāt qu'il le tenoit pour ennemi, qu'il luy deffendoit l'entree en sa maison & le seiour en la Prouince.

Car on ne douta plus que la sorcellerie ne secōda le poison, quand on veit des os de morts arrachez de leurs membres, & attachez aux murailles & au plancher de la chābre, les caracteres de charmes & imprecatiōs, le nō de Germanicus graué

en lames de plōb, des cendres à
demi bruſlees & frottees de la
bouë des vlceres, & d'autres ma-
lefices & impietez, dont on vſe
pour voüier quelqu'vn à la mort,
le ſacrifiant au Dieu des enfers.

Maleſi-
ciis ini-
mæ mu-
minibus
inferni
ſacræ.
TAC.

Quoy que ce Prince fuſt mourant & à l'extremité, Piſo le re-
douta, & ſur ſon cōmandement
moüilla l'ācre & ſe retira, mais il
ne s'eſloigna pas beaucoup pour
ne retourner de ſi loin quand il
auroit aduis de ceſte mort. Et ſi
tout cela mis enſemble ne ſert à
le conuaincre, où faut-il que la
verité cerche des preuues?

Mode-
ratus
curſus
qui vult
propius
regredi.
TAC.

Ainſi P. C. vous voyez deuant
vos yeux vn homme qui a porté
du ventre de ſa mere la violence & l'eſprit de rebellion, car
il eſt fils d'vn pere qui ſuiuit le
parti de Brutus & Caſſius. Il
n'eſt pas ſeulement concuſſion-
naire, mais voleur : non broüil-

Ingenii
violentiſſi
obſequii
ignarus.
TAC.

lon, mais seditieux : non ennemy, mais rebelle : non meurtrier, mais assassin. Iamais criminel ne vous pressast plus de
le depescher que cestuy-ci : car
l'execration de son crime vous
contraint de le condamner, &
si en despit des Dieux & des hômes vous luy pardonnez, il sera
impossible de le tirer des mains
du peuple qui l'attend, & escou-
tez P. C. comme il crie à ceste
place, il n'y a si petite femme
qui ne se promette de luy arracher quelque poil de la teste.

Representez-vous quelle est
son allegresse quand il voit les
chefs des rebellions trainez à la
suite du chariot triomphant, &
le lendemain executez pour re-
paratió des inhumanitez & des
cruautez qu'ils ont fait par les
Prouinces, il sera encores plus
content quand il verra Piso au

*Cicero dit que le crime de Verres contraignoit les Iuges à le condamner.

* Quād le triomphant passoit au Capitole il remettoit ses prisonniers au Magistrat, & n'osoit les mener en son logis.

supplice.

Il perd patience, si vous ne prononcez prôptement les paroles solemnelles, Prens bourreau ce parricide, ce volleur, ce rebelle, lie luy les mains, bande luy les yeux, attache-le à vne miserable potence. Et qui sçait si ceste multitude emportee de douleur & de regret en demeurera là, si elle se contentera du supplice d'vn seul, & qu'elle ne se iette sur ceux qui fauorisent ce meschant, l'estimât encores plus meschant que luy.

I lictor colliga manus caput obnubita arbori infelici sui pendito. CIC.

Non, non, P.C. il ne s'en faut pas mocquer, la chose est trop importante, la suite trop grande, & cest homme tel qu'il y a trop de peril à faire vne faute en son fait. Croyez ie vous supplie, que ny l'accusé, ny le têps, ny le lieu, ny la raison d'Estat, ny la qualité des parties ne peu-

Nõ manus sceleus in R. P. commisit reus quã ij qui eũ à tam nefariis sceleribus sententia sua liberant. CIC.

** Au iugement des perfonnes de qualité il faut confiderer le temps & la raifon d'Eftat.*

Eloquëtia nulli tota contingit. SEN. P.

** Les grands honneurs font fardeaux qui accablët ceux qui les portent. Ludes facit fortuna. SEN.*

uent confentir qu'on le defrobe à l'exemple, qu'on le deliure en fecret, ou qu'on ne le face mourir en public.

M. Lepidus qui auoit de l'eloquence autant qu'il s'en peut auoir, car iamais perfonne ne l'eut toute, parlant pour Pifo, refpondit en cefte forte aux acufateurs. C'eft vn grand malheur! P. C. pour le pauure Pifo d'auoir efté heureux. Les grâds honneurs feruent quelquesfois à la felicité de ceux qui ne les meritent point, & ceux qui les ont premiers meritez qu'obtenus y trouuent leur ruine par vne eftrange extrauagance ou vne piperie de fortune, qui donnant aux autres des contentemens n'a donné à ceftuy-ci que du malheur.

Les grands feruices rendus par Pifo à Augufte obligerent

l'Empereur de le faire Lieutenant de Germanicus, mais cest
honneur fut accompagné de
tant de trauerses, que sa fidelité
ne.trouua point de faueur , ny
son conseil de creance en l'ame
de ce ieune Prince , qui ne s'ef-
frayant par la rencôtre des choses impossibles,portoit ses pensees au delà du denoir , menaçoit le Soleil de tenebres , l'O-
cean de captiuité , & de là des
pensees de grandeur qui trou-
blerent celles de l'Empereur.

Son affection à sa patrie, sa fi-
delite à son Prince, l'obligeoiët
de veiller sur ses actions qu'il
trouua tousiours si hardies &
ardentes,qu'il creut que ce ieune Hercule n'auoit pas entrepris de monter sur les Astres,ny
bellement ny paisiblement , &
qu'il y vouloit entrer par la
bresche, à la ruine de l'Empire.

Ces deſſeins d'vne ambition
deſreglee ne pouuoient reüſſir
heureuſement , & Piſo ne s'e-
ſtonna point , quand le Preſtre
de l'Oracle d'Apollon luy dit à
Colophon qu'il ne la feroit pas
longue : car la charge qu'il entreprenoit eſtoit trop peſante
pour ſes forces.

Mais comme les Princes ay-
mêt mieux eſtre flattez en leur
faute , qu'aduertis en leur deuoir , il ſe degouſta incontinent
de ce que Piſo aimoit mieux
luy deſplaire auec la verité, que
de luy eſtre agreable par la flatterie. Il eſtimoit que ſa franchiſe eſtoit outrecuidance quand
il luy monſtroit le chemin d'où
il s'eſgaroit, & celuy qu'il deuoit tenir , meſme quand il luy
dit qu'il faiſoit tort a la Maieſté
de l'Empire, de traicter , reſpe-
ctueuſemêt des hómes de dou-

zaine, & courtoisement ceste
canaille d'Atheniés qui a tousiours suiuy le party côntraire au
nostre, n'a iamais esté sans quelque plan de reuolte côtre nous,
ayant assisté Mithridate contre
Sylla, Antoine côtre Auguste.

Fust-ce par le Conseil de Piso
qu'il entra en l'Egypte contre
l'ancienne Ordonnance d'Auguste qui vous a laissé pour secret d'estat de ne permettre iamais aux grands d'entrer en l'E-
gypte : car en se reuoltans côtre
nous ils peuuent, auec peu de
gens resister à vne grâde armee,
& deffendant la traite des bleds
ils affament l'Italie.

Remettez Cesar en vostre memoire (mais rien d'important
n'en eschappe) le desplaisir que
vous receustes quand Piso vous
aduertit que ce ieune Prince
portoit toutes ses actions à la

vanité & à l'ambition, que pour gaigner le cœur des peuples il leur faisoit de grandes gratifications d'argent & de bleds, qu'il marchoit sans gardes, à pied, peu suiuy, & alloit vestu à la Grecque, comme auoit fait autresfois Scipion.

Toutes les furies d'Enfer ne pouuoient inuenter vne plus detestable calomnie que de ce poison dót Piso est accusé, mais elle est si mince & desliee que le mensonge paroist à trauers. Comme est-il possible que vous Vitellius qui auez l'œil ouuert & le iugement net pour ne dire des choses superfluës, vous affermiez maintenát des contraires. Quelle apparence que Piso mangeant à la table de Germanicus, qui le regardoit tousiours au nez ait eu loisir de prendre du poison, s'en frotter les doigts

pour en gaſter ſa viande. Cela
eſt-il facile en la maiſon d'autruy, en la preſence d'vn prince
à qui l'on fait l'eſſay qui a tant
d'yeux qui prennét garde à tout.

Si cela eſt vray, piſo conſent,
non que la main qui a fait ce parricide ſoit coupee, mais que le
cœur qui l'a penſé ſoit arraché
vif de ſa poictrine , & pour ſçauoir ceſte verité il n'empeſche
qu'on ne donne la geſne à toute ſa famille & à tous ſes ſeruiteurs.

Il n'eſt-pas ſans crime, il n'y a
perſonne qui en ſoit exépt , les
diamans ont des pailles , les
beaux viſages des taches, mais
il n'eſt ny meſchant ny traiſtre.
Ceux qui luy reprochét de l'orgueil n'ont faute d'arrogance,
s'il a de la fougue ils ont de la
violence: il n'a iamais entrepris
ſur la vie de ſes princes.

Abſurdũ inter alie-na ſerui-tia & tot aſtã, tiũm vi-ſu.
TAC.
Qui pa-trempul-ſauerit manus ei præcidã-tur.
SEN.P.
Offere-bat fa-mili-am rexes & miniſtros intormẽ-ta.
TAC.
* Il n'eſt rien ſi laid que vne iniu-re qui ſe retourne contre celuy qui l'a dit
PLVT.

** Les Magi-strats doiuent estre plus curieux de se fai-re crain-dre qu'ai-mer.*

** Il n'y a rien de si naturel que de hayr ce qui nous persecute.*

S'il a vsé de quelque seuerité en sa charge, il l'a fait plus par deuoir que par inclinatió. C'est aux Princes à se faire aymer & aux Magistrats à se faire crain-dre. S'il a manqué de respect & d'affection enuers Germani-cus, aussi est-ce chose bien dure d'estre contraint d'aimer ce qui a resolu & iuré vostre ruine. Ger-manicus, cõme tous les grands, auoit escrit sur le sable les serui-ces de Piso, & sur le marbre tou-tes ses offences, s'il faut ainsi nommer les aduis purs & francs qu'il luy donnoit pour sa bonne conduite.

Il aduouë que la mort de Ger-manicus a tiré de son cœur vne espine renaissante, & vne fas-cheuse crainte, qu'il s'est esiouy de voir sa maison deliuree d'vn si puissant ennemy, Tibere d'vn neueu si ambitieux, l'Empire

d'vn Prince si entreprenãt. Germanicus vouloit perdre Piso, &
le Ciel a perdu Germanicus, &
en mourant luy a fait cognoistre qu'il y a là haut vne iustice
qui venge les violéces des grãds
sur les petits. Leur est-il permis
de nous cracher au visage, ou de
nous mettre le pied sur la gorge
pour estre esleuez par dessus
nous. Encores les moindres animaux ont eu raison de l'Aigle.
Il n'y a rien si doux que la vengeãce, quoy qu'elle couste, c'est
vne viande que l'on aualle sans
la mascher.

Mais iamais Piso n'attenta à
la vie ; pour en auoir desiré sa
mort, & estant certain qu'elle a
esté naturelle, c'est vne grande
iniquité de feindre qu'elle a esté
violentee. Les Dieux l'ont ainsi
voulu, il n'est permis de dispu-
ter ny à bon escient, ny par for-

me de difcours de leursvolótez.

S'il a recerché quelque creance parmi les gens de guerre, ce
n'a eſté que pour amoindrir celle de Germanicus. Son ambition alloit à la ruine, celle de
Piſo à la conſeruation, l'vne
donnoit de la ialouſie à Tibere,
& l'autre de la retenuẽ à Germanicus. S'il a eu de la bien-
veillance dans les prouinces,

eſt-il deffendu de la cultiuer?
Les affections ne ſont-elles pas
libres, quel mal ſi on les rend
reciproques.

Mais il ayme mieux ployer
ſous la bonté de Cefar que ſe
roidir à la deffence de ſon innocence. Il implore à ioinctes
mains ceſte royale vertu qui de-
teſte la brutale ſoif du ſang, &

vous ſupplie grand prince d'imi-
ter le Ciel qui à plus de tonner-
re pour eſpouuenter, que de

foudre pour punir les hommes.

Que ſi tout eſt inexorable, que les accuſez ſe haſtent d'emporter & rauir ceſte ame qu'ils ont deſia tant agitee & trauaillee, il mourra auec ceſte conſolation, que ſon innocence n'a point trouué de protection, & à mieux aimé perir que d'offenſer ceux qui le pouuoiēt ſauuer.

Nihil tā peri. culoſum fortunis innocentiū quàm tacere aduerſarios.

L'obſcurité demeura en l'accuſatiionde l'empoiſonnement, c'eſtoit vne pyramide qui ne ſe monſtroit toute entiere, car des trois faces il y en auoit touſiours vne qui ne ſe voyoit point, Piſo & Plancina ſa femme paroiſſoient, mais la troiſieſme cachoit Tibere & Tibere Seianus.

A Tribuno deductus variorū more cuſtos ſalutis an mortis exactor. TAC.

Ceſte premiere audience finie Piſo ſortit, & le peuple eſtoit tant irrité contre luy, que ſi on ne l'euſt mené en litiere auec des Gardes, il ne fuſt iamais retourné en la maison, ny entier ny vif. Ce que la populace ne pouuoit sur sa personne elle fit sur ses effigies traisnees aux eschelles Gemoniennes.

Plancina sa femme qui luy auoit promis de courre sa fortune se laissa aller à la legereté, vice naturel de son sexe, & estant asseuree de sa vie par la faueur de l'Imperatrice, elle ne se soucia plus de celle de Piso , & l'abandonna comme si elle n'eust esté mariee que pour participer à sa prosperité.

Les Iuges pour diuers respects estoient implacables à l'accusé, Cæsar vouloit qu'il mourust, parce qu'il estoit entré en armes en la Prouince , le Senat croyoit fermement que Germanicus auoit esté empoisonné, & entre les morts violentes l'empoisonnement estoit en plus grande

grande execration , d'autant
mesmes que par là les personnes plus cheres & precieuses
estoiét rauies à la Repub. que le
poison entroit & se mesloit plus
facilement dans les vases d'or,
que de terre. Il n'y a Antidote
qui soit de plus grande vertu ny
efficace contre le poison qu'v-
ne conditió priuee, qui ne craint
que l'auarice entrepréne sur ses
biens, ni l'enuie sur ses dignitez.
Il est neantmoins certain que
cest empoisonnement ne fust
iamais prouué clairement, ni af-
fermé hardiment par les accusateurs : Il ne s'en parloit ny dans
Antioche ni dans Rome que selon l'affection que l'on auoit au
mort, ou la haine contre le viuant.

Tacite dit qu'il n'est pas certain si les marques du poison pa-
rurét sur le mort: Suetone, qu'ó

Liuores toto corpore fu-mæ per os fluebant, cor inter offa incorrup-tum. Svet.

Genere morbi defensus est Piso. Plin.

le vid couuert de pourpre, l'es-cume à la bouche, & que son cœur fut trouué entier parmy les cendres : Pline, que Vitel-lius pressa fort sur cela Piso, qui renuoyoit la flesche côtre ceux qui l'auoient tiree : & comme l'vn affermoit que Germanicus ayāt esté empoisonné son cœur auoit resisté au feu : l'autre sou-stenoit que Germanicus estant mort du mal cardiaque, son cœur ne pouuoit estre bruslé. Ainsi l'Hypothese demeuroit toufiours en la question, & l'vn comme l'autre auoit la verité de son costé, estant esgalement vray selon Pline que le cœur de ceux qui meurent par le poison ou par le mal cardiaque ne se consume au feu. Mais la pire piece du procez de Piso estoit l'extréme animosité du peuple, qui prenant le bruit pour preu-

Negatur cor cre-mari pos-se in his qui car-diaco morbo obierint & vene-no inte-remptis. Plin.

ue crioit à la porte du Palais
qu'il feroit iuſtice de Piſo ſi on
ne la faiſoit.

Tout cela eſtonna fort Piſo,
qui comparut au ſecond iour
au Senat, pour voir s'il y auroit
point de changement en ceſte
premiere ſeuerité. Il reconnut
l'air fort contraire, Tibere ſi
froit que de peur de ſe deſcou-
urir, il n'inclinoit, ny à la colere
pour le ruiner, ny à la pitié pour
luy donner quelque eſperance.
Il iugea de là qu'il n'y auoit
plus de refuge, ny pour ſon innocence, ny pour la verité. Seianus luy diſoit neãtmoins que
Tibere frapperoit ſon coup
quand il ſeroit temps, & qu'il ne
le laiſſeroit point perdre d'autres, l'effrayoient diſãs qu'encores qu'il fut declaré innocẽt pour
la mort de Germanicus, on le
feroit mourir pour des autres

Nulla
magis
exterritus
eſt quam
quod Ti-
berium
ſine miſe-
ratione,
ſine ira
obſtina-
tum
clauſum-
que vi-
dit.
TAC.

* Qui eſt
conuain-
cu d'vn
crime eſt
puny
pour plu-
ſieurs.

crime: car Tibere estoit si outré
de ce qu'il estoit entré en armes
en Syrie, qu'il en vouloit faire
vn exemple, sans permettre que
le seruice compensast la faute.

Seianus ne se soucioit point
de perdre Piso, pourueu qu'il ne
parla point du commandement
secret, mais il craignoit que se
voyant condamné il ne se plai-
gnit au Senat du iugement, &
au supplice de l'Empereur, &
qu'il ne parla sinon contre Tibere, au moins contre luy. La
cōsidératiō de ses enfans estouffa en son ame tout le ressentiment de l'iniure qu'il souffroit,
& se voyant perdu se voulut
perdre seul. Et afin que leur innocence fust separee, de sa peine il escriuit à Tibere vne lettre, le suppliant d'auoir pitié
d'eux, & cela fait se resout à la
mort, se dōne de son espee dans

la gorge. Il ne mouroit pas pour
crainte de ne moürir, mais pour
ne moürir au gré de ses ennemis. S'il y a quelque chose de
fascheux en vne mort publique,
ce n'est que pour le regret & la
honte du côtentement que l'on
donne à ses ennemis.

* C'est fureur de mourir pour crainte de la mort

Quand ceste mort fut rapportee au Senat, on remarqua de la
douleur sur le visage de Tibere,
mais elle estoit feinte, & pour
estourdir les iugemens que l'on
faisoit à son preiudice de cet accident, & asseurer sa contenance par son discours, il s'informa
entre autres choses, de ce que
Piso auoit fait le iour prece-
dent, & comme il auoit passé
la nuict. Il y en eut qui respon-
dirent auec discretion, les autres plus inconsiderémét, comme en ces occasions, il y en a
qui ne veulent pas qu'on les

Cæsar flexo in mæsti-tiam ore. TAC.

Plura quæ sa-pienter quædam inconsul-tius. TAC.

estime si sots quede ne cõnoistre ce qu'on veut qu'ils ignorent.

Sur ce Tibere leut les lettres que Piso auoit escrites en ces termes, *Puisque Cesar ie me vois opprimé par la conspiration de mes ennemis, & la violence d'vne fausse accusation, qui ne permet qu'il y ait lieu au Senat pour la verité, ni pour mõ innocence, les Dieux me sont tesmoins que ie n'ay manqué enuers vous de fidelité, ny de reuerence enuers vostre mere, & partant ie vous supplie de penser à mes enfans. Gn. Piso ne doit auoir nulle part à ma fortune quelle qu'elle soit, car il n'est bougé de Rome. M. Piso me dissuadoit d'aller en Syrie, & ie souhaitterois que le pere se fut accommodé à la ieunesse du fils, & que le fils n'eust pas cedé à la vieillesse du pere. C'est pourquoy ie vous supplie auec plus grande instance, que son innocence ne porte la peine de mon opiniastreté, & me voyant en estat de ne vous prier iamais plus de rien, ie vous coniure par quarante cinq annees de seruice, par l'estime qu'Auguste vostre pere à fait de moy, lors que i'estois son Collegue au Consulat, & par l'amitié que vous m'auez porté de sauuer mon pauure fils.*

Il ne parla point de sa femme,

& comme se fust-il souuenu
d'elle qui l'auoit oublié en ceste
extréme detresse , & qui peut
estre auoit promis à l'Imperatrice & à Seianus d'ouurir la
porte de sa chambre aux assas-
sins pour le tuer. Tibere ayant
leu les lettres , dit qu'encores
que Piso eust merité le malheur
où il s'estoit precipité , il en a-
uoit pitié, pour le seul respect
de sa maison, qu'il estoit neantmoins raisonnable de conseruer
les reiettés de l'arbre qui estoit
abattu, & de ne faire passer sa
peine sur ses enfans innocens,
que l'absence deschargeoit l'vn,
& le commandement du pere
excusoit l'autre, & que pour ce
ils ne deuoient estre compris au
crime de la prise des armes.
Pour Plancine il pria le Senat
de la donner aux prieres de sa
mere. L'assemblee fut toute sçá-

Ex arbo-
ribus
quas ven-
tus aut
turbo
euulsit
soboles
residua
est fœcun-
da. SEN.

Patris
iniusti-
tia non
potest de-
testari.
TAC.

dalisee de l'impudence &impie-
té de ceste demande, les gens de
bien murmuroient contre ceste
femme, comme cause que Germanicus estoit mort, & que Piso s'estoit tué. *Et donc, disoient
ils, l'Imperatrice aura le credit de sauuer
la meurtriere de son petit fils, de la voir, de
la consoler sur la mort de son mary, l'arracher des mains du Senat. Les Loix n'accor-
deront à Germanicus ce qu'elles ne refusent
au moindre Citoyen. Vitellius & Veranius
qui n'estoient rien à Germanicus ont tout
haut deploré sa mort, & Auguste son ayeule deffendra Plancine qui l'a fait mourir, &
que faut-il attendre de cela sinon que la force de ses poisons & sorceleries, estant reüssies heureusement elles les employe encores
contre Agripine & ses enfans pour desalte-
rer l'ayeule & l'oncle du sang de ceste miserable famille, & assouuir la rage de Seianus.*

Les opinions recueillies, Au-
relius Cotta dit, que la memoire de Piso deuoit estre damnee,
& son nom effacé & biffé des
fastes & Annales, la moitié de

Fas aliæ interse-ctricem nepotis adspicere, ad loqui eripere Senatui. TAC.

Venena & artes semel fe-liciter ex-perta in a'perias exitium facilè vertun-tur. TAC.

Nomina scelerato-rum è fa-stis ra-denda. TAC.

ſes biẽs confiſqûee, l'autre don-
née à Gn. Piſo ſon fils, à la charge de changer de nom : M. Piſo
priué de ſes offices , & relegué
pour dix ans, auec cinq cens ſe- *Conceſſæ*
ſterces pour ſon entretenemẽt: *Plancinæ*
la vie dõnee à Plancine en cõſi- *incolumi-*
deratiõ des prieres de l'Impera= *tas ob*
trice. Chacun alla par cet aduis. *preces*
Auguſtæ.
TAC.

Tibere qui auoit ce qu'il deſi- *Pudore*
roit, adoucit la rigueur de ce iu- *flagitii*
gement : car la haine de l'abſo- *Princeps.*
lution de Plancine le rendoit *placabi-*
moins ſeuere enuers ſes enfans, *lior fit.*
n'y ayant aucune apparence *TAC.*
qu'il pardõnaſt à la mere meurtriere pour condamner ſes enfans innocens. Il dit que le
nom de Piſo demeureroit aux *Nomen*
Faſtes auſſi biẽ que celuy d'An- *M. Au-*
toine qui auoit fait la guerre à *tonij quĩ*
ſa patrie. Meſſalina dit que l'on *bellum*
deuoit eſleuervne enſeigne d'or *patriæ*
au Temple de Mars le vengeur, *fecit. fa-*
ſtis man-
ſit. TAC.

& Cæcinna Seuerus vn Autel à
la vengeance, *Non*, dit Tibere,
*Cela n'eſt bon qu'aux victoires acquiſes ſur
les eſtrangers, il faut couurir de triſteſſé les
miſeres domeſtiques.*

Fulcinus Trio qui auoit ſi fort
declamé contre Piſo, le ſupplia
de l'ayder de ſa faueur pour arriuer aux charges, il luy reſpondit, Gardez de precipiter voſtre eloquéce par l'impetuoſité
de voſtre paſſion. Il eſtoit offencé de ce qu'il auoit trop preſſé
Piſo ſur ce poiſon, car tous les
mots qu'il diſoit ſur ce ſuiet le
pinçoient fort ſerré. Il vouloit
qu'il repreſenta la paſſion d'A-
gripine ſans ſe paſſionner. Voila
comme finiſſent les vanitez des
choſes humaines.

Tacite dit là deſſus. *I'ay ſouuenance d'auoir ouy dire en ma ieuneſſe à ceux
qui eſtoient de ce temps-là que l'on auoit veu
ſouuent des pieces entre les mains de Piſo.*

qu'il ne publia point, mais que ses amis disoient par tout qu'elles contenoient la com-
mission & les commandemens que Tibere
luy auoit donné contre Germanicus, & qu'il
auoit resolu de les produire au Senat, pour
conuaincre le Prince, mais que Seianus l'a-
uoit trompé par de vaines promesses, & qu'il
ne s'estoit pas tué, mais qu'on luy auoit enuoyé la nuiѐt vn hõme pour le faire mourir.

La mort deliura Piso, mais Tibere & Seianus n'en furent pas
estimez plus innocens, & l'on
entendoit toutes les nuiѐts ces
cris autour du Palais, Rendez nous
Germanicus.

Ceste mort, soit qu'elle fust
volontaire ou forcee, diminua
la haine du peuple contre Piso, & l'augmenta contre Tibere d'autant plus qu'il auoit sauué la femme, & qu'ayant conduit ce miserable dans ce precipice il ne l'en auoit voulu tirer.
Si Piso eust laissé faire le cours à
la Iustice & aux Loix, & qu'il

eust souffert la mort en homme
qui ne l'auoit iamais apprehen-
dee on eust plaint sa misere. Il
n'y a vie si odieuse qui finissant
en public auec côstance & modestie ne change la haine en pitié, la pitié en faueur, & ne laisse quelque fauorable opinion
d'innocence.

La mort de Germanicus ne
donna moins de contentement
à Seianus qu'à Tibere, car ce
Prince tenoit toutes leurs reso-
lutiós en eschec, Tibere croyoit
que tant qu'il seroit en vie il n'e-
stoit Empereur, Seianus deses-
peroit de le pouuoir estre, & de
disposer de l'Empire si absoluë-
ment comme il fit depuis, car
ce Prince le tenoit de court &
comme en vne estroite Diete.
Ceste grande affection qu'il
auoit dans les esprits des gráds,
des mediocres & des petits, tra-

uerſoit fort ſon ambition. Mais
apres ceſte mort la fortune luy
donna le deſſus du vent iuſques
à ce que ſon orgueil & ſon inſo-
lence creuerét les voiles de ſon
vaiſſeau & de ſa conduite.

Tibere creut qu'il auoit plus
d'authorité, mais il n'eſtoit pas
moins desfiant, s'imaginant
qu'autãt que Germanicus auoit
laiſſé d'amis, c'eſtoient autant
de Coniurateurs, & pource il
diſoit qu'il ne tenoit l'Empire
que cóme vn loup par les oreilles, craignant qu'il n'eſchap-
paſt, & eſchappé ne le mordiſt.
Il croyoit que chacun auoit deſſein de le luy oſter: il fit faire les
horoſcopes dés principaux de
Rome, & ſelon qu'on luy rapportoit que les aſtres leur promettoient d'exceller ſur les autres, il les abaiſſoit, les releguoit
ou faiſoit mourir.   Il ſceut que

Galba y pouuoit arriuer , & le
rencôtrant le iour de ses nopces
luy dit , *Et toy Galba tu gousteras vn
iour de l'Empire* : Et neantmoins il
n'entreprit rien contre luy, parce que ceste dignité luy estoit
fatalement destinee.

Seianus entre les preceptes
de sa conduite auoit cestuy-ci,
de nourrir tousiours la deffiance en l'esprit de Tibere, afin que
ne se fiant à personne , il n'eust
confiance qu'en luy. Les grandes maisons qui estoiēt descen-
duës de ces braues & genereuses ames qui s'estoient sacrifiees
pour conseruer la liberté de la
patrie estoiēt suspectes à Tibere qui vouloit esleuer la princi-
pauté sur les fondemens d'Auguste, & odieuses à Seianus qui
ne pouuoit souffrir que la vertu
s'opposa à la fortune. Libo Drusus pour estre descendu par son

*Liboni
proauus
Pompe-
ius, ami-
ta Scri-
bonia
consobri-
ns Cæsa-
res.*
TAC.

pere d'Augufte, & par fa mere
de Pompee le Grand eftoit des
principaux de la ieuneffe Romaine, & comme cefte naiffan-
ce donnant à fon courage de
l'efperance, luy acqueroit du re-
fpect parmy les grands, elle fuft
caufe de fa cheute.

Sa ieuneffe prompte & efcer-
uelee le porta à des penfees plus
hautes que le temps ne le permettoit, & fut toufiours pour
cefte raifon fi fufpect à Tibere
qu'eftant aux facrifices il commanda au Maiftre des ceremonies de ne donner à Libo qui
eftoit l'vn des Sacrificateurs vn
couteau de plomb, afin qu'il
n'attentaft rien fur fa perfonne.
Vne autre fois demandant audience en fecret, il fit venir fon
fils Drufus, & feignât d'auoir be-
foin d'eftre fouftenu en fe pour-
menant il tenoit la main droite

Deferta
moliri
res no-
a.15.
TAC.

Profe-
refpita
plumbeus
cutter.

* La fe-
tile ha-
che du
Sacrifi-
cateur.

de Libo qui parloit à luy, portãt l'œil ferme furtous fes mouue-mens. Ce ieune homme auoit pour intime amy vn Senateur Romain qui coniura fa ruïne, confiderant que pour faire fortune le plus court chemin eſtoit de ruiner ceux qui apportoient de l'ombrage à celle de Seianus. Il imprima en cet eſprit leger qu'il y auoit quelque choſe de grand eſcrit au Ciel pour luy, le porta aux deſbauches qui attirerent les deſpenſes exceſſiues, & le mirent dans les incommoditez que ce mauuais amy n'adouciſſoit que de fauſſes eſperances. La neceſſité le fit ſonger à ce qu'il deuiendroit, & luy mit la cũrioſité de s'informer des Aſtrologues, de ce que les Aſtres luy promettoient, retraite ordinaire des eſprits qui cherchent maiſtre. Pour en ſçauoir enco-

res d'auãtage son amy le fit parler à des Magiciens qui deman-
derent à leurs Demons ce qu'ils
en sçauoiët, & qui ne luy dirent
pas la verité : car vn peu apres
toutes ses esperáces furent con-
uerties en desespoir.

Le Senateur rapporte tout cela à Tibere, qui est bien aise de
voir au piege ce ieune homme,
& neantmoins ne laisse de luy
faire bon visage, luy donne vn
estat de Preteur, l'appelle souuent à sa table. Tout à coup il le
fait accuser au Senat, comme
d'vne chose grande, enorme &
importante, le voila reduit en
l'estat d'accusé, il chãge de robbe, les principales Dames de la
ville ses parétes solicitent pour
luy, il n'y a personne qui se
vueille mesler de sa deffense,
car quand il est question d'vne
coniuration contre le Prince

toutes les interceffions font fuf-
pectes & les faueurs crimes. Il
va au Palais en litiere, car ce
coup non preueu auoit abatu les
forces de fa fanté, & appuyé fur
le bras de fon frere, entra au Senat, & de loin qu'il veit Tibere
luy tendit les mains, implorant
fa clemence auec vne grande
humilité.

Tibere lit tous les poincts dôt
il eftoit accufé, fans qu'on reco-
gnut, ny à fon vifage, ny à fes
paroles qu'il eut deffein d'adou-
cir ny d'aigrir l'affaire. Tout cela eftoit fur des chofes plus cu-
rieufes que mefchantes, plus
vaines que ferieufes, & qui meri-
toient plus de pitié que de cor-
rection.

Il auoit demandé aux Deuins
s'il feroit iamais fi riche que de
pouuoir couurir de pieces d'argent tout le chemin Appié iuf-

ques à Brindifi. On luy repre-
fenta encores vne lifte, où l'on
voyoit qu'il auoit fait certains
chiffres fous les noms des Ce-
fars & des Senateurs, comme
marque de ceux dont il fe vouloit desfaire, & par quelle voye.
Il nia le tout, Le Senat fuft
d'aduis que l'on donna la que-
ftion à fes efclaues, mais Tibere
riche en fubtilitez, & fubtil en
inuentions, les fit vendre pour
n'offenfer les Loix qui ne les re-
ceuoient à tefmoigner contre
leurs Maiftres.

Il retourna en fa maifon porté dans fa litiere, mais pluftoft
dans fon cercueil, car il alloit à
la mort, & n'y auoit autre difference, finon que fes amis
luy defnioient ce dernier office, & n'y auoit perfonne qui
le fuiuit. Il enuoya vn de fes
parens à Tibere pour implorer

la mifericorde, mais fa refponce
fut qu'on s'adreffaft au Senat, il
alla trouuer fa grand Mere Scribonia & luy demāda s'il deuoit
auancer fa mort ou l'attendre.
Cefte courageufe femme luy
refpondit, *Pourquoy veulez-vous faire les affaires d'autruy, que ne faites vous
les voftres?*

Elle croyoit que ce n'eftoit
pas faire fes affaires que de viure
au gré d'autruy, & que qui at-
tendoit qu'on le menaft au fup-
plice faifoit les affaires du bourreau. A tort on fe plaint de la
conditió des chofes humaines,
QVI NE VEVT N'EST MISERABLE.
La feule veuë des viandes qu'on
auoit apprefté pour fes dernieres delices luy toucha le cœur,
il fe refout à la mort, appelle
quelqu'vn pour le tuer, prend
fes feruiteurs, leur met le coufteau en la main, les priant de

luy rendre ce dernier feruice.
Ils le refufent, ayant horreur
d'vn tel commandement, non
tant par pitié de luy que d'eux
mefmes, craignans d'en eftre
punis, car encores que la mort
feruit de remede à celuy qui
la demandoit, elle ne laiffoit
d'eftre crime à celuy qui la
donneroit. Tant plus il les
preffoit & tiroit pour le tuer
plus ils s'efloignoient, & fe re-
culant renuerferent la table, &
les flambeaux qui eftoient deffus furent efteins,

Ces tenebres affeurant fa re-
folution, & commençant fes
funerailles, il fe donne deux
coups de coufteau dans le ventre, il crie & tombe, toute fa famille monte en fa chambre, &
les Soldats y accourent, &
voyant leur befongne faite fe
retirent. Quand ce coup fut

Etiam vbi remedium eft mors, fcelus eft occidere. Sen. P.

Feralibus iam fibi tenebris duos ictus in viscera direxit. Tac.

rapporté à Tibere , il feignit
d'en eſtre marry, & iura que ſi le
mort l'euſt laiſſé faire , il ſeroit
encores en vie , ayant reſolu de
demander ſa grace.

On continuë la condamna-
tion ſur les biens , & le Senat
par flaterie , vieille playe de la
Republique , les donna aux accuſateurs , abolit le nom & les
images de Libo , & mit les Ides
de Septembre entre les feſtes
ſolennelles , parce qu'à tel iour
l'Empereur auoit eſté deliuré
d'vn grand peril. On fit auſſi vn
arreſt contre les Mathemati-
ciens & Magiciens ; & Lucius
Pituanius qui eſtoit de céſte miſerable profeſſion fut precipité
du haut de la roche Tarpeyen-
ne. Le banniſſement ne fut que
renouuellé : car auparauant il
auoit eſté ordonné qu'ils vuide-
roient l'Italie , d'autant que par

vne trompeuſe connoiſſance des Aſtres ils abuſoient les eſprits vains & legers.

Seianus s'eſt deffait des Princes, des Preteurs, des Senateurs, il veut que Rome cónoiſſe qu'il n'y a condition qui ne redoute ſa fortune & ſon pouuoir, il attaque maintenant les Philoſophes, comme ceux dont il haïſſoit la vie pour l'innocéce, & croignoit la langue pour la liberté. Il fit bannir Attalus Philoſophe Stoycien, homme d'vne parfaite integrité de vie, d'vne admirable eloquence, d'vne doctrine incomparable, & la ſecte ſtoyque eſtoit la trouppe tres-genereuſe & tres-ſaincte & differente des autres, comme les hommes des femmes. Ie ne m'imagine en quoy il auoit failly, ſinon que Seianus prit pour ſoy ce qu'il donnoit pour tous, quand il difoit que celuy qui offence les autres s'offenfe le premier, & que le malin boit le premier traict de fon poifon, n'eftoit-ce pas dire à Seianus que toutes fes violences retourneroient fur luy, comme les fleuues à leur fource. Quand il difoit que les hommes eftoient infatiables, & qu'ayans receu quelque bien de la fortune, ils en demandoient incontinent d'autres, cóme les chiens qui n'ont pas fi toft auallé le morceau, que ils fe prefentent pour en âuoir vn autre, ne monftroit-il pas ce goulphe de cupidité, qui ayant englouti vne famille en menaffoit vne autre?

Ce Tygre donna de la dent aux beaux efprits de fon temps, vn Poëte ayant dit quelque parole libre contre-luy fuft mis à mort, non pour cela, mais

parce

parce qu'en vne tragedie il auoit iniurié Agamemnon , & qu'il auoit commis contre le respect des Roys ; Tibere punissoit les offences de Seianus aussi rigou-reusement que les siennes , on luy faisoit croire qu'il receuoit le contre-coup de tout ce quile blessoit. Les Princes s'offen-cent quand on blasme leurs fa-uoris parce qu'il semble qu'on accuse la foiblesse de leur iuge-ment en l'ellection d'vn subiet indigne de leur faueur. L'ou-urier est obligé de deffendre son ouurage ; le Peintre se fasche si on iette de la bouë sur le tableau qu'il a fait. On recerche les vieil-les fautes pour faire des nou-ueaux exemples de seuerité. Le Senat auoit ordonné qu'on es-leueroit la statuë de Seianus sur le Theatre de Pompee que Tibere faisoit rebastir. Cre=

E

mutius Cordus piqué de ceste
iniure à la memoire de Pompee
s'escria que ce n'estoit pas le re-
faire, mais le desfaire, & mettre
Seianus par dessus les testes des
Romains, esleuer vn simple soldat sur le monument d'vn grãd
Capitaine. Il disoit vray, mais la
verité n'excuse pas l'imprudence qui porte inconsiderément la

censure sur les grands. Seianus
s'en souuint, & ne l'accusa pas
de cela, mais il disposa Tibere
de recercher sa vie, de laquelle
toutes les parties se trouuerent
innocentes & loüables. Mais
on examina ses escrits &vne histoire qu'il auoit fait d'Auguste,
& qu'Auguste mesme auoit
leuë: Il fut accusé de n'auoir assez exalté Cesar & Auguste,
trop loüé Brutus, & nommé
Cassius le dernier homme des
Romains.

Ses accusateurs estoient Satrius Secundus & Pinarius Natta, creatures de Seianus, & ceste qualité rendoit la ruine de l'accusé infaillible, & mettoit son innocence au desespoir. Le Iuge mesme luy fit sentir par son visage triste, & ses paroles rabroüantes qu'il estoit assis, non pour l'ouyr, mais pour le condamner, non pour luy faire son procez, mais pour ordonner son supplice : Aussi Cordus n'y entra pas pour sauuer sa vie, car il estoit asseuré de la perdre: mais pour l'honneur de la Verité, & la gloire de ses escrits. Il parle en ceste sorte.

Mes actions sont tellement innocentes, qu'on n'accuse que mes paroles, & encores elles n'offencent ny l'Empereur ny la mere de l'Empereur qui seuls sont compris en la Loy de la Maiesté. On dit que i'ay loüé Brutus & Cassius, dont les actions sont recueillies par plusieurs, & n'y a personne qui les ait

*Le credit des accusateurs, c'est le desespoir de l'accusé. Seiani clientes, id perniciabile reo. TAC.

*L'innocence des actions doit excuser la faute des paroles. Verba mea arguuntur, adeò sum factorum innocens. TAC.

rapporte sans honneur. Tite Liue à qui l'on donne le prix de l'Eloquence & de la Verité, a loüé si hautement Pompee, qu'Auguste l'appelloit Pompeyen: ce qui toutesfois n'altera l'amitié qui estoit entre eux.

Il n'vse point de ces noms, Voleurs & Parricides, qu'on impose maintenant à Scipion, Afranius, à ce Cassius, & à ce Brutus, mais il les appelle souuent braues hommes & excellens. L'Histoire d'Asinius Pollio en fait vne mention honorable: Messala Coruinus loüoit Cassius comme son General, & l'vn ny l'autre n'ont laissé pour cela d'estre puissans en richesses & honneurs. Le Dictateur Cesar se contenta de respondre en vne oraison par escrit comme deuant ses Iuges au liure que Ciceron auoit fait pour esleuer aussi haut que le Ciel Caton son ennemy. Les Epistres d'Antoine, les Harangues de Brutus reprochent à Auguste des choses fausses, & les rapportent auec beaucoup d'aigreur & d'animosité. On ne laisse de lire les vers de Bibaculus & de Catullus, quoy que farcis d'iniures contre les CESARS. Iules & Auguste les ont soufferts & mesprisez. Et ie ne sçaurois dire bonnement si en cela ils ont mõstré plus de moderation que de sagesse: car

LES MESDISANCES PASSENT SI

ON LES MESPRISE, ET IL SEM-
BLE QV'ON LES ADVOVE SI ON
S'EN OFFENCE. Ie ne parle point des
Grecs, car non seulement leur licence, mais
encores leur temerité a esté impunie : & si sien
quelqu'vn l'a chassiee, les paroles ont vengé
les paroles. Mais il a tousiours esté libre, &
sans reprehension de parler de ceux que la
mort à affranchis ou de haine, ou de faueur.
Veut-on dire que par mes harangues i'excite
le peuple à se soustener & à prēdre les armes
pour la guerre ciuile, tandis que Cassius &
Brutus sont armez en la campagne de Phili-
pes? Il y a soixante & seize ans qu'ils sont
morts; comme on les cognoist par leurs images
que les victorieux mesmes n'ont point abatuës : aussi les escrits conseruent leurs me-
moires. La posterité rend à chacun l'honneur
qui luy appartient, & si ie suis condamné il
y en aura qui se souuiendront, non seulement
de Cassius & de Brutus, mais encores de
moy.

Il eut raison d'enrichir son discours des exemples de Cesar &
d'Auguste ; car l'Vniuers n'a
rien veu d'esgal à ceste genereuse bonté à pardonner les mesdi-

Marginalia : BRVTVS bié vexlu du peuple, aimé des siens, estimé des gens de bien, haï de nul. Voyez l'Epigramme 20 de Catulle. *Comitia ffreta exolefcunt, si irafcare agnita videntur* TAC. *Maximè folutum prodere de iis quos mors odio aut gratiae exemit.* TAC.

C Caluus
poſt fa-
moſa E-
pigram-
mata de
reconci-
liatione
per ami-
cos agen-
ti vltrò
ac prior
ſcripſit.
SVET.
Valerius
Catullus
perpetua
ſtigmata
ſuis ver-
ſiculis
impoſuit
Cæſari.
SVET.
Timage-
nem Cæ
ſar mo-
nuit vt
modera-
tius lin-
gua vte-
retur,
perſeue-
ranti do-
mo ſua
interdi-

ſances. Caluus Orateur, & Catulle Poëte auoient detracté fu-
rieuſement de Ceſar : la verité
leur mit la honte au front & le
repentir en la conſcience. Ceſar
ſe contenta de cela, & voyant
que Caluus deſiroit ſon amitiè,
& ne l'oſoit recercher, la luy
offrit par lettre expreſſe : quant
à Catulle il le pria à ſoupper le
meſme iour qu'il auoit publié
ſon Poëme contre luy.

Pour Auguſte, ie ne trouuè
rien de pareil. Timagenes noble
hiſtorien auoit eſcrit côtre luy,
ſa femme, ſes filles, toute ſa maiſon. Il l'auiſe d'vſer plus mode-
ſtement, & de ſa plume & de ſa
langue, meſme en ſa maiſon &
enuers ſes amis : car Auguſte le
nourriſſoit. Extréme ingratitude ! il continuë. Auguſte contraint de rompre le prie de ſe
retirer. Aſinius Pollio conſide-

rant plus la gentilleſſe de cet
eſprit que le reſpect de l’Empereur, le loge & l’entretient. Timagenes ſe declare tout à ſait
perpetuel ennemy d’Auguſte,
bruſle ceſte belle hiſtoire qu’il
auoit faite de ſon regne, pour
dire qu’il ne meritoit pas qu’il
parlaſt de luy, ou que le bien
qu’il en auoit dit, eſtoit mente-
rie. Auguſte beut tout cela, &
ſe contenta de dire à Pollio, *Vous*
nourriſſez vn Serpent: & Pollio voulant repartir pour s’excuſer il
luy ferma la bouche, & luy dit,
Gardez-le, mon amy, ſeruez-vous en.
Eſt-il poſſible que Rome, ſous
vn tel Prince euſt regret d’auoir
perdu ſa liberté ? Elle eſprou-
ua bien depuis ce qu’elle auoit
perdu au change : c’eſtoit bien
le meſme troupeau, mais
ce n’eſtoit pas le meſme Pa-
ſteur.

xit.
Poſtea
in contu-
bernio
Pollionis
Aſinii
conſcuiſit
SEX.

Frater,
mi Pollio
fruere.

Il faut bien dire que Seianus auoit estrangement corrompu le naturel de Tibere, le rendant si seuere en la punition des iniures de ses predecesseurs, luy qui faisoit si peu de conte des siennes, & disoit qu'aux villes libres les langues ne deuoient estre captiues. Auguste luy auoit donné ce conseil: car sur ce qu'il se plaignoit de sa dissimulation contre ceste effrenee licence de mesdire de luy, il escriuit ces mots, *Tibere mon fils, ne flattez point en cela ny vostre ieunesse, ny vostre colere, pour croire qu'il y ait personne qui parle mal de moy. C'est assez que nous pouuōs empescher, qu'on ne nous face point de mal.*

Pour luy il se mocquoit des satyres, & des bouffonneries que l'on publioit contre luy, & sur ce que le Senat en voulut faire informer, il dit : *Nous n'a-uons pas du temps de reste pour nous embar-*

raßer en ces broüïlleries, & si nous ouurons
ceste fenestre, il ne faudra faire autre chôse,
& vous serez importunez tous les iours de
toutes les querelles particulieres.

Cordus donc ayant parlé ainsi hardiment & elegamment, se
retira en sa maison, fort irreso-
lu de ce qu'il deuoit faire. S'il
veut viure, il faut qu'il prie Seianus, si mourir, sa fille : Tous les
deux sont inexorables. Sõ courage ne luy permettant de s'humilier à l'vn, il se resout de trõ-
per l'autre. Pour ne donner aucune cognoissance de sa resolution, il prend le bain quelques
iours, & pour mieux tromper sa
fille se retire en sa chãbre apres
le bain, pour prendre sa collation, & renuoyant ses seruiteurs iette par la fenestre quelque chose de ce qu'on luy a apporté pour faire croire que c'est
le reste de ce qu'il a mangé.

negotiis debea-mus. Si hanc fe-nestram aperueri-tis, nihil aliud agi-sinetis. D. TIB.

Si viuere vellet, Seianus rogandus erat; si mori, fi-lia: vter-que ine-xorabilis constitu-tuit filiã fallere. SEN.

* A l'is-sue du bain on portoit à la cham-bre du moust des œufs frais.

L'heure du soupé venuë il dit à sa fille qu'il n'a point d'appetit, que sa collation luy a valu vn souppé, elle ne le presse plus, car elle croit qu'il est vray, & ne pense pas que ce qu'elle approuue pour sa santé soit pour sa mort.

Il continuë ceste rigoureuse ruse iusques au quatriéme iour que sa propre foiblesse le descouure. L'extréme tristesse estoit d'accord auec l'abstinence qui n'estoit pas assez forte pour l'assommer en si peu de iours, car la faim peut porter vn homme bien plus loin.

Sa fille ainsi trompee le coniure par ses prieres & par ses larmes de viure, & pour elle & pour luy. Ceste priere viét trop tard. Sa vie est quasi toute escoulee, il est à la derniere heure qui l'acheue: & lors il embrasse ſa fille, & luy dit: *Martia, ie ſuis trop* auant dans le chemin de la mort, pour rebourſſer, i'en ay quaſi fait la moitié : tu ne dois & ne ſçaurois me retenir. Cela dit, il fit eſteindre les flambeaux pour ſe cacher & couler plus paiſiblement dans les tenebres. Ses ſeruiteurs voyans ſa reſolution ſi entiere & ſi auancee, ne furent pas marris que les loups euſſét failli leur proye. Et ce fuſt lors que les accuſateurs, par le commandement de Seianus coururent aux Conſuls, pour leur dire que Cordus ſe mouroit, c'eſt à dire qu'il leur eſchapoit. On mit ſur le tapis ceſte queſtion, *Si l'on pouuoit empeſcher les accuſez de ſe faire mourir:* mais cependant qu'on diſpute pour la reſoudre & le condamner, il s'abſout luy meſmes.

Ses liures furent bruſlez par les Ediles, la calamité de l'au-

Iter mortis ingreſſus ſum & iam medium fere teneo reuocare me nec debes nec potes. SEN.

E faucibus auidiſſimorum luporum educitur præda. SEN.

Magna res erat in quæſtione, an mortis rei perderentur: dum deliberatur dum accuſatores iterum adeſſent ille ſe abſoluerat. SEN,

Scripta auctoris calamitate. DIO.
Vir Romanus, qui subactis iam cervicibus, omnium & ad Seianiarum iugum actis indomitus fit, homo ingenio, animo, manu, liber. SEN.
Praesenti potentia non extinguitur sequentis aeui memoria. TAC.
Punitis ingeniis gliscit autoritas TAC.

theur, & l'excellence du stile les rendirent plus celebres, & les firent recercher & estudier plus curieusement. Martia les conserua & les remit au môde pour renouueller la memoire de son pere, qui les auoit escrits de son propre sang, qui estoit demeuré ferme & inuincible, lors que chacun presentoit la teste au ioug de Seianus, & auoit retenu au discours, à la main & en l'entendemét l'ancienne liberté. Les Princes se trompent de se passionner pour esteindre les escrits qui leur desplaisent : la deffence en donne l'enuie, & la difficulté en approuue la curiosité. Si la peur les supprime durant leur vie, ils paroissent plus hardis quand ils ne sont plus. La peine des escriuains augmente la reputation des escrits : la punition est odieuse, celuy qui la

donne en eſt blaſmé, & celuy
qui la ſouffre en a l'honneur.

Et bien nous en prend, que
ceſte fureur, contre les liures.
n'ait commencé que ſous Tibere : car que ſeroit-ce, ſi les
Triumuirs euſſent proſcript ou
bruſlé ceux de Cicerõ ? Caligula fit renaiſtre ceux de Cordus,
& creut qu'il y alloit de ſon in-
tereſt, que la poſterité ſceut la
vie & les geſtes de ſes predeceſſeurs. Quel contentement de
voir l'Hiſtoire d'vne ſi bonne
plume, d'vn courage ſi franc &
hardi, d'vn diſcours tel que celuy qu'il vient de faire au Senat
& tel encores que l'eſchantil-
lon que Seneca nous a gardé ſur
la mort de Ciceron, en ces termes.

R.P. in-
tereſt re-
facta
quaque
poſterita-
ti tra-
dantur.
Svet.

Antoine receut vn grand contentement
quand on luy apporta la teſte de Ciceron, &
dit que ſa proſcription eſtoit acheuee : car il

Non sa-
tiatus
modo ce-
dendis ci-
uibus sed
defectus.
SEN. P.
Piis conci-
onibus
multorū
capita
seruaue-
rat.
SEN. P.
Manus
dextera
eloquen-
tiæ mi-
nistra.
SEN. P.
Cætero-
rum ce-
des priua
torum
luctus
excita-
uerunt,
illa vna
commu-
nem.
SEN. P.

estoit non seulement saoul, mais las du massacre de tant de gens. Il commanda qu'elle fut exposee à la veuë du peuple en la place des Rostres. En ce lieu où le peuple attiré de la reputation de son esprit s'estoit pressé pour le suiure, où il auoit entendu ses officieux discours qui ont sauué tant de testes, il est veu maintenant de ses Citoyens, non en la ioye ny en la sorte qu'ils l'auoient admiré autrefois viuant & entier, mais le sang luy courant la teste & desfigurant le visage. Ceste teste qui commandoit cy deuant au Senat, & qui estoit l'ornement du nom Romain seruoit de recompense à celuy qui l'auoit separee de son corps.

Tous les cœurs se fondirent en larmes & en souspirs, quand on vit sa main droicte, l'instrument de sa DIVINE ELOQVENCE, attachee à ceste teste. Tous les autres morts n'estoiët pleurees que des particuliers, le dueil de celle cy fut general. Il faut non seulement croire la grandeur, mais admirer le nombre de ses vertus. Comme il veit que l'on en vouloit à Brutus, à Cassius, à Sextus Pompeius, il dit TOVT ME DESPLAIST SINON LA MORT.

Cordus escriuit l'Histoire de son temps, & peut estre qu'en voyant la

verité toute pure à la posterité
il auoit parlé à l'hôneur de ceux
qui estoient morts pour la deffence de l'ancienne liberté, car
la crainte de la mort n'excuse
celuy qui offence la verité pour
plaire a la fortune. Publier des
Histoires fausses, ou donner de
fausses instructions à ceux qui
les escriuent, c'est assassiner les
passans sur le grand chemin de
la bonne foy. Retenant en ses
discours la mesme liberté qu'il
auoit en ses escrits, il mesprisa
l'orgueil de Seianus, & pour se
deliurer des mains d'vn homme
si puissant, fit voir qu'il estoit
vrayement homme, s'ostant
du nombre des hommes miserables.

Ceste misere n'estoit pas si cô-
mune parmi les Romains, quâd
Germanicus viuoit, ces deux
Lyons tenoient encores les on-

Optimè meruit de poste-ris ad quos veniet incorrupta rerum fides. SEN.

gles au dedans, la peur regloit les actions de Tibere, & la necessité retenoit l'insolence de Seianus. Dion dit que tant que Germanicus fust en vie, Tibere ne fit iamais rien de sa teste. Il renuoyoit toutes sortes d'affaires au Senat, rendoit la Iustice, par l'aduis de ceux qui l'assistoient, trouuoit bon que chacun dit son aduis, souffroit d'estre contredit, & quelquefois tondu en ses opinions.

Il ne permettoit d'estre appellé Seigneur que des esclaues, ny Empereur que des gens de guerre, il refusoit tout à fait le nom de pere de la Patrie, il passoit en discours, & aux Requestes celuy d'Auguste, en vsoit aux depesches qu'il faisoit aux Roys, & se contentoit par tout ailleurs de celuy de Cesar, & du Prince du senat : son sou-

* Dio. dit que souuent les opiniôs passoient côtre la siêne sans qu'il s'en offensa.

Tibere disoit ie suis Seigneur des Esclaues Empereur des Soldats, & Prince pour les autres.

hait ordinaire eſtoit que le Ciel
luy donnaſt autant de vie que la
Republique auroit beſoin de
ſon ſeruice.

Germanicus viuant, le iour de
ſa naiſſance ne fut point ſolem-
niſé, on ne iura iamais par ſa
fortune, on ne luy dreſſa ni ſtatuë ni temple. Quand il alloit
par ville il ne ſe faiſoit ſuiure ny
de ſenateur, ni de Patrice, ni
de Cheualier Romain ni d'aucun ſeigneur de qualité, ſe com-
portant en toutes choſes, comme s'il euſt veſcu ſous vn Gouuernement populaire, iuſques à
faire des oraiſons funebres pour
des particuliers.

Tout cela ſe faiſoit durant la vie de Germanicus, mais apres ſa mort il fut tout changé.

S'il faiſoit quelque violence,
elle eſtoit coloree & reueſtuë
des apparences de raiſon ou de
neceſſité, ou ſi ſecrette qu'elle
ne paroiſſoit nullemét. Clemés
fameux Impoſteur auoit tué ſon

L'ambition fait long téps la petite pour eſtre grande.

*L'Em-
pereur
Auguste
pour plai-
re à Li-
uia auoit
relegué
à l'Isle
Plana-
sie.
*Petita
occultis
primum
sermoni-
bus cre-
bescunt.*
TAC.
*Veritas
uisu &
mora
Falsa
festina-
tione &
incertis
ualescũt,*
TAC.

maistre Agripa le Posthume petit fils d'Auguste, & parce qu'il estoit de son aage & de sa taille, fit courre le bruit sourdement, comme chose dangereuse, puis publiquement comme nouuelle agreable qu'Agrippa estoit en vie : car il estoit vray que la mere de l'Empereur l'auoit fait mourir incontinent apres la mort d'Auguste, la memoire duquel estoit si chere & venerable, que sous ce nom il trouua aux Gaules des amis, en Italie du secours, à Rome de la creance, le peuple criant & croyant que les Dieux l'auoient reserué pour le bien de l'Empire.

Tibere considerant que le bruit & sa legereté donnoit du support à ceste fable, & qu'elle ne pouuoit estre si peu creuë qu'il n'y eust du preiudice pour ses affaires, le fit attraper par

ceux qui feignoient d'eſtre de ſa
menee. Commᵉ il fut deuant
luy il s'eſtonna de ce qu'il auoit
conduit ſi dextremét ceſte im-
poſture, & luy demanda à quel
tiltre t'es-tu fait Agrippa, le Galand repart par le meſme que tu
t'es fait Ceſar. Les tourmens
ne peurént tirer le nom de ſes
complices, & quoy que Tibere
ſceut qu'il auoit eſté ſecouru, &
d'argent & de cóſeil par les plus
grands, il ne les en recerche
point. Il le fit mourir ſans bruit,
ne s'en parla plus.

Tibere auoit donc raiſon de
conter la mort de Germanicus entre les plus beaux iours
de ſa vie, & Seianus la méttoit
entre les plus grands coups de
ſa fortune, mais la meſme ini-
mitié qu'ils auoient contre le
pere continua contre les enfans, faiſans neantmoins tout

ce qu'ils pouuoient pour la dissimuler, afin qu'elle ne parust qu'en son temps, la couurant de grandes preuues d'affection enuers eux. Tibere prie le senat de donner à Neron dispense de l'aage pour entrer aux charges publiques, & de pouuoir tenir à quinze ans celle de Questeur, qui ne s'exerçoit qu'a vingt & deux. Il fut aussi nommé Pontife, & le iour qu'il entra en ceste dignité il fit la liberalité des prouisions au peuple qui s'esiouyssoit de voir les enfans de Germanicus en vne florissante Puberté. Pour accroissement de ioye, il espousa Iulia fille de Drusus.

Mais elle se conuertit en desdain quand il vit que la fille de Seianus estoit promise à Drusus fils de Claudius, estimant que ceste grande maison estoit des-

Neronē
è liberis.
Germa-
nici iam
ingeßiū
iuuentā
commen-
dauit
Patribus
non sine
irrisu
audien-
tium.
TAC.
Congia-
rum pleb.
TAC.

Vt illa
secunda
rumore
ita hoc
aduersis
minis
acceptum
TAC.

honoree par vne telle alliance, & que cela ne donnoit que trop d'esperance à vn homme qui n'auoit desia que trop de pouuoir, & qui s'estimoit miserable s'il ne commandoit, ne pouuant viure en personne priuee. Le Ciel qui ne vouloit point de fruict d'vn si mauuais arbre, en disposa tout autrement. Drusus se iouant en la ville de Pompee ietta en l'air vne poire, & la receuant à bouche ouuerte en fut estranglé, & ceste fille participant à la miserable fin de son pere, fit son Epitalame au pied de la potence, comme il se verra en son lieu. La haine estoit si enragee contre Seianus qu'il y'en eust qui dirent qu'il auoit fait ce mariage pour faire mourir son gendre.

Ceste opinion ne pouuoit auoir autre fondement, sinon

que ce ieune Prince fit cognoiftre trop de mefpris de cefte alliance, ou trop de defplaifir d'e-
ftre gendre d'vn hôme fi odieux
qui n'auoit point d'honneur, fes
peres ne luy en auoient point
acquis, il n'en pouuoit laiffer à
fes enfans, & ne receuoit loüange que de ceux que luy mefmes
n'euft ofé loüer.

Drufus ne peut fouffrir cefte
infolence, ny que Tibere fon
pere preferaft les confeils & les
affections eftrangeres aux natu-
relles. Il ne ceffe de dire à fa
femme qui le trahit, & à fes
amis qui le trompent, que peu
s'en faut que Seianus ne foit le
collegue comme il eft le coad-
iuteur de Tibere, & fes enfans
parens de Drufus : que fon ambition a de profonds difcours
qu'il n'eft pour en demeurer là :
car les premieres efperances de

la domination sont difficiles,
mais quand on y est arriué, les
moyens de s'ymaintenir ne mã-
quent iamais. Il disoit cela souuent & à plusieurs, c'estoient
ses plaintes ordinaires. Vn esprit affligé ne cesse de se plaindre & porte tousiours la main
sur la blessure.

Primæ dominã-di spes in arduo, vbi sis ingressus adsunt studia & ministri. TAC.

Il auoit vne haine extréme
contre Seianus: il estoit si prõpt
à frapper, qu'on le surnommoit
Castor, & ne pouuant plus supporter ce galand qui faisoit du
compagnon auec luy, il haussa
la main le menaçant, & l'autre
se mettãt sur la deffence presenta la sienne pour parer le coup,
& Drusus luy bailla sur la iouë.
Dion & Zonare escriuent que
Seianus frappa Drusus, mais il
n'y a point d'apparence qu'il
eust ceste hardiesse cõtre le fils
de l'Empereur, ieune, coura-

Selon les natu-rels on donne les surnõs pour ce Dion dit que Dru-sus fut surnom-mé Ca-stor, & que les espees biẽ poin-tuës e-stoient appellees Drusien-nes.

Tribuni-
tia pote-
stas sum-
mi fasti-
gii voca-
batur.
TAC.

geux, associé à l'Empire, & tenant la puissance de Tribun la
plus grande apres la souueraine.

Le poignard doit porter la repartie du soufflet: mais les coups
qui viennēt de la main du Prince, ne doiuent estre receus que
auec patience & humilité. Celuy qui peut tuer oblige quand
il ne fait que blesser. Ceste offense si fresche renouuella celles qui par le temps estoient
quasi flaistries en l'ame de Seianus. L'histoire pourtant ne dit
point qu'il en fist aucune plainte, ni que Tibere tançast son
fils d'auoir outragé en ceste sorte celuy qu'il auoit choisi sur
tous pour l'aider a supporter les
principales charges de l'Empire: car c'est vne mauuaise conduite de rechercher les occasions
qui peuuent irriter l'Empereur
contre le Prince.

Tib. Se-
ianus
singula-
rem prin-
cipalium
onerum
adiutorē
in omnia
habuit.
VELL.

N'osant

N'oſant s'en plaindre il ſe reſoult de s'en venger : & comme la vengeance eſt touſiours ingenieuſe à prendre les moyens de ſatisfaire à l'offenſé , il ne trouua meilleur coin pour fendre ce nœud, que de le faire du bois meſmes, & gagner la femme pour perdre le mary. Elle eſtoit belle, & ſa beauté n'eſtoit pas bien d'accord auec ſon hôneur. Elle conſentit aux pourſuites de Seianus, à qui l'on ne refuſoit rien, parce que Tib. luy donnoit tout. La cognoiſſance fit l'affection, ce qui n'eſtoit au commencement qu'amour, deuint adultere , & l'adultere venefice. Eſtrange aueuglement: la niepce d'Auguſte , la belle-fille de Tibere, la fille de Druſus la ſœur de Germanicus, la femme du fils de l'Empereur , la mere de deux Princes capables

Rara eſt concordia forniæ, atque pudiciæ. IVVEN.

d'arriuer à l'Empire, flestrit son honneur, deshonore sa maison pour consentir au plaisir d'vn homme de ville. Mais les grandes beautez veulent estre admirees, & les puissantes faueurs sont recerchees. Seianus pouuoit tout par sa faueur, Liuia estoit aimee de tous pour sa beauté. Demander pourquoy on aime ce qui est beau, *c'est vne question d'Aueugle*: mais c'est n'auoir des yeux ailleurs qu'en la teste de vouloir que les grands ne puissent ce qui leur plaist.

Ayant donc le corps à sa disposition, il mania le cœur comme il voulut: le premier crime fist la planche à tous les autres. Quand vne femme a perdu sa pudicité, elle n'a plus rien à perdre, ny à refuser. L'amour auoit fait l'adultere, l'ambition fit le meurtre, & de l'vn on passa hardimét à l'autre. Seianus luy iette en l'esprit la cupidité d'estre femme d'Empereur : elle croit qu'il peut ce qu'il dit ; car Tibere ne régnoit qu'en sa personne, & sous ses volontez. Elle escoute & gouste cela, & le plaisir qu'elle móstre par son atten- tion n'est pas fort esloigné de son consentement. Les volontez accordees pour l'amour s'v- nissent pour le mariage, & con- spirét à mesme dessein d'en ró- pre les empeschemens : Seianus par le diuorce d'Apicata, & Li- uia par la mort de Drusus. *Le sexe qui par- lemente est à de- my rendu.

Mais comme les grádes mes- chácetez ne se peuuent esclorre si viste : car la crainte y apporte l'irresolution, la frayeur y met le retardement, & la longueur augmente les difficultez : ils n'eurét tant de peine à resoudre l'acte qu'à trouuer les moyens, *Magni- tudo fa- cinoris metum, prolatio- nes, di- uersa in- terdum consilia adfert. TAC.

& la forme. L'ordre & le secret
qui se doit garder exactement
aux actions d'importance , ne
furent pas oubliez en ceste mes-
châceté. Ils resolurent de l'empoisonner : & considerans que
si le poison se dōnoit en ses via-
des , quelqu'vn y pourroit estre
pris & trompé, ils aduiserent de
le mesler dans vne medecine
qu'on luy feroit prendre, & agi-
roit si lentement que la mort seroit imputee à la nature & à l'accident , non à la violence & à la
perfidie.

Liuia y employa Eudemus son
Medecin , qui en ceste qualité,
& à la faueur de sa profession
estoit ordinaire en son cabinet.
Tacite dit qu'il estoit son amy,
Pline, son adultere. Seianus gai-
gne Lygdus Eunuque, des principaux & plus confidens dome-
stiques de Drusus , & pour lier

son cœur plus estroitement au sien, abusé vilainement de son corps qui estoit ieune & beau. Les infames conspirent à vn attentat execrable, Seianus assassin le machine, Liuia adultere y apporte le consentement, Eudemus ruffien compose la drogue, Lygdus bardache la presente. Quatre persónes qui meritent que leurs cœurs qui ont formé & conceu ce móstrueux attentat sur le fils vnique du Prince, soient deuorez perpetuellement de seize vautours. Ils perirent tous miserablemét, & ainsi puissent perir ces furies qui entreprennent proditoirement sur les Princes.

Drusus sans se desfier prit de la main de Lygdus son Eunuque ceste mortelle medecine, & ce qu'il croit seruir à sa santé aduance sa mort : mais si peu

Rumor Seianum Lygdi spadonis animum stupro vinxisse. TAC.

* Iupiter dit à Promethee qu'il merite que son cœur & son foye soient deuorez.

violemment que la langueur & la longueur osterent le soupçon du poison. Le temps qui en fin descouvre tout tira des tenebres la verité, & Apicata femme de Seianus, huit ans apres en donna le premier indice. On se pourroit estonner qu'vne femme courageuse blessee en son honneur, & bannie de la compagnie de son mary par vne adultere ait tenu si long temps sa langue, mais ce discours ne s'achevera point qu'il ne leue cet estonnement.

Les actiōs de Seianus estoiēt si descriees, & Tibere pour le fauoriser si hay, qu'estant desia diffamé de meschancetez si fameuses & insignes, on creut qu'il auoit fait mourir Drusus par la main de Tibere, luy mettant en teste que son fils pour regner auoit resolu sa mort, &

qu'il print garde quand il disne-
roit chez luy de ne boire le premier traict qu'on luy presente-
roit : que Tibere receuât la cou-
pe de la main de l'Eschanson
l'auoit presentee à Drusus, &
que la honte & la crainte ne luy
permettant de la refuser, il aua-
la le poison preparé à son Pere:
Imposture sans apparence &
sans fondement.

Il n'eust pas esté si aisé à Drusus de faire ceste meschanceté:
car le Pere ne prenoit rien sans
essay, & la coustume auoit esté
apportee de la Cour des Roys
de Perse en celle des Empereurs
depuis Auguste. L'ô fera Tibere tât cruel que l'on voudra, on
ne sçauroit luy oster l'honneur
de Prince sage, fin & defiant,
& il seroit blasmé d'vne grande imprudence s'il eut pensé à
faire mourir son fils sur vn sim-

Marginal notes:
Druso ignaro & haud faciliter haurienti poculum, ut est suspicio, tanquam metu & pudore sibiipsi irrogatus mortem quàm patri struxerat. TAC.

* Celuy qui faisoit l'essay est appellé dans les inscriptions antiques, A silone olt Prægustator, par Nero hui oino:heo.

ple aduis de Seïanus, & premier
que d'estre informé exactemét
de la cause & des complices de
ceste coniuration.

Cela n'est venu que de la ma-
lignité des bruits peu fauora-
bles aux actions des Princes.
Tout ce que Tibere a fait se
trouue curieusement recueilli
& publié, mais iamais il n'y eust
personne si trãsportee de haine
& de passion pour deshonorer
sa memoire qui luy ait repro-
ché ce parricide. Il ne faut receuoir sans soupçon tout ce que
le bruit approuue, ni preferer
les choses incroyables, quoy
qu'elles soient publiees & recueillies auidement, à ce qui est
veritable, & que l'on desguise
souuent de faussetez apparentes, & de vaines merueilles pour
mettre l'estonnement dans les
esprits.

Ceſte mort rendit l'eſperance de la ſucceſſion aux enfans de
Germanicus ; & quoy que le
Senat pour l'amour de Tibere
deſploraſt cet accident, les larmes eſtoient feintes, & les re-
grets ſans douleur. Il n'y auoit
perſonne qui ne fuſt tres-con-
tent de voir que par ceſte mort,
la maiſon d'Auguſte commençoit de renaiſtre. Auſſi Druſus
n'eſtoit aimé que pour la haine
extréme que l'on portoit à ſon
Pere ; car il eſtoit fort deſbau-
ché, & comme le vice d'autruy
deſplaiſt meſmes aux vicieux,
ſon pere le tançoit ſouuent de
ces humeurs farouches & ſu-
perbes, qui le rendoient *tres que-*
relleux & tres-cruel. Mais le peuple
excuſoit tout cela, diſant qu'il
valoit mieux qu'il paſſaſt la nuit
aux feſtins , le iour aux Theatres que de lāguir au chagrin de

Simula-
tiò habi-
tum ac
voces do-
lentium
induit.
TAC.

Aſegël-
ſtaros
cay omó-
tator.
DIO.
Solus &
nullis
volupta-
tibus
aduocatus
mæſtam
vigilan-
tiam, &
malas
curas
exercet.
TAC.

E v

la solitude dans des veilles tri-stes, & des penséespernicieuses.

Les larmes de Tibere inconti-nent taries, il alla au Senat cer-cher sa consolation dans les af-faires, & voyant que les Sena-teurs s'estoient assis en bas, les fit monter, les aduisant de la re-uerence du lieu, & de la dignité de leurs charges, & vsa de ces paroles pour releuer leurs es-prits que la douleur auoit ab-batus.

Messieurs, on me pourroit blasmer de ce qu'en vne douleur si fresche, ie me trouue ici, & sçay bien que ceux qui sont en dueil ne peuuent souffrir le iour, ny les condolean-ces de leurs plus proches: & comme ie ne rapporte cela à foiblesse de cœur, aussi de-siray-ie de vous tesmoigner que ie n'ay re-cerché plus fort allegement en mon affli-ction que les embrassemens de la Republi-que.

Il dit aussi que l'extreme vieil-lesse de l'Imperatrice luy ostoit

l'eſperance de ſon ſecours, que
ſes petits fils eſtoient en bas aage, qu'il auoit deſia fait plus que
la moitié du tour de ſa vie, qu'il
les prioit de faire entrer les enfans de Germanicus, l'vnique remede & conſolation des maux
qui le preſſoient maintenant.
On enuoye querir Nero & Druſus : les Conſuls ſortent du Senat pour les receuoir, & apres
leur auoir dit quelques paroles
pour les r'aſſeurer, les condui-
ſent deuant l'Empereur, qui les
prenant par la main dit :

Meſsieurs, Quand ces enfans perdirent
leur Pere, ie les remis à Druſus mon fils
leur couſin, & le priay, encores qu'il eut des
enfans, d'en auoir autant de ſoin comme de
ſon propre ſang, les eſleuer & conſeruer pour
ſoy, & pour la poſterité. Maintenant que
Druſus leur a eſté rauy, ie vous adreſſe mes
prieres, & vous coniure deuant les Dieux &
la Patrie qu'en faiſant ce qui eſt de mon de-
uoir & du voſtre, vous preniez la côduite &

le foin des nepueux d'Augufte, qui font def-
cendus d'hommes grands & illuftres.

Puis iettant les yeux à ces petits, leur dit: *Mon mignon Neron, &
vous Drufe, ces Seigneurs que vous voyez
font vos Peres: la condition de voftre naif-
fance eft telle, que l'eftat à intereft & au
bien & au mal que vous ferez.* Le Senat
ne refpondit que par les larmes,
les vœux, & les prieres; & ce
difcours euft ferui à la gloire de
Tibere, s'il n'y euft adioufté les
mefmes promeffes dont on s'e-
ftoit fi fouuent moqué, & qu'il
euft efté bien marry de tenir.

*Ie vous iure P. C. que ie n'ay autre
ambition que de remettre Rome en fa premiere liberté, & laiffer le gouuernement, ou
aux Confuls, ou à quelque autre.* Ces
dernieres paroles eftoient fi ef-
loignees de l'intention de celuy qui les proferoit, & de la
creance des efcoutans, qu'elles ofterent aux premieres

toute l'eſtime que la verité &
l'honneſté leur pouuoient donner.

Tout cela n'eſtoit que pure
piperie : ce mauuais Prince ne
penſoit qu'à ruiner entierement
la maiſon de Germanicus, que
la mort de Druſus remettoit en
credit. On fit les funerailles ſur
le meſme ordre de cellesde Germanicus , & pluſieurs autres
magnificences y furent adiou-
ſtees: car les dernieres flatteries
en ſont touſiours plus liberales.
Tibere fit l'oraiſon funebre, côme Auguſte auoit fait celle
d'Agripa ſon gendre.

Il y auoit entre le mort & luy
vn voile afin qu'il ne vit le corps
car le Pontife eſtoit choſe ſa-
cree, il ne luy eſtoit permis de
regarder rien de funebre. De
meſmes les ſtatuës des Dieux
eſtoient voilees , ou tranſpor-

tees des places ou l'on faisoit les
supplices , & Claude fit oster
celle d'Auguste du Theatre des
Gladiateurs, afin qu'elle ne fust
tousiours presente aux meur-
tres , ou tousiours voilee. Chacun pleuroit pour luy , qui ne
pleuroit point : car tel obiet si
triste & sensible n'eust le pouuoir de plier sa grauité , regar-
dant sans s'esmouuoir comme
sa perte estoit sensible aux autres , & il faisoit voir qu'il n'en
auoit point de sentiment.

Seianus qui estoit à son costé
admiroit ceste constance , mais
il n'en fit pas son profit : car cest
acte luy apprenoit de quelle
trempe estoit ce cœur, puis qu'il
supportoit si patiemmét la perte d'vne personne si chere. Pen-
soit-il , qu'vn Prince qui auoit
si peu de ressentiment pour la
mort du fils se souciast de cel-

le de ses seruiteurs. Il deuoit
estre plus fin pour connoistre
l'humeur de son maistre, qui se
seruoit de luy cóme d'vn feutre
ou d'vn gabant durant la bour-
rasque, pour le quitter quand
elle sera passee. Seianus ne pense qu'à ruiner la maison de Germanicus, & quand cela sera fait
Tibere le ruinera, car il n'aura
plus affaire de luy: Il en fait
maintenant comme d'vn bon
cheual, quand l'escuyer le voit
de bonne volonté il le carresse
& le fait passer où il veut, & à
la fin il creue.

Seianò ad latus stanti experiendum se dedit quam patienter posset suos perdere. SEN.

La violence ne manioit pas
seule ce grand pouuoir de Seianus, l'Auarice s'en mesloit &
lui faisoit croire que tout cequ'il
ne tenoit estoit perdu. Dion dit
qu'il estoit heritier de tous ceux
qui mouroient sans enfans,
ceste iniuste cupidité fust cause

Quicquid non acquiritur damnum est. SEN.

de la mort de Lepida genereuse
Dame Romaine, & Suetone
ayant dit que Tibere fit mourir
de regret Lentulus l'Augur, afin
qu'il n'euft autre heritier que
luy, il adioufte que la pourfuite
qui fe fit contre Lepida ne fut
que pour gratifier Quirinus fon
mary qui eftoit tres-riche &
fans enfans.

La procedure rapportee par
Tacite eft eftrange, il y auoit
vingt ans qu'elle eftoit hors de
la côpagnie de fon mary quand
il l'accufa d'adultere, de poifon,
de fuppofition d'enfant. Tibere
dit qu'elle auoit confulté les
Chaldeens fur fa perfonne & fa
maifon. Il ne voulut que Drufus opina le premier au iugemêt
afin de laiffer les opinions libres, & ne les obliger de fuiure
la fienne.

On fit des ieux durant le pro-

cez, Lepida y alla auec les plus
grandes & illuſtres Dames de
la ville, & iouyſſant du priuile-
ge des Romains qui n'eſtoient
en priſon durant l'accuſation,
ny apres le iugements'il n'eſtoit
capital, comme elle entra dans
le Theatre de Pompee elle tourna les yeux ſur ſes Images qui
eſtoient en diuers endroits, &
implora le ſecours de celuy de
qui elle eſtoit deſcenduë. Ce
fut auec vn grand cry & des larmes en abondance qui eſmeu-
rent le peuple, & principale-
ment les femmes à pitié & à
crier iniure à Quirinus, l'appellant meſchant, de traicter ſi
cruellement vne femme, qui
ayant eſté promiſe à L. Ceſar
fils d'Auguſte luy auoit fait
beaucoup d'hôneur de l'eſpou-
ſer, comme ſi elles euſſent voulu dire au bon homme que pour

*Lepida,
tus super
Emilio-
rum de-
cus: L.
Sulla, ac
Cn. Pom-
pe ms
proxi
erant.
TAC.*

estre vieil & n'auoir point d'enfans, & estre de basse condition
sa femme auoit eu raison de luy
faire porter les cornes.

Le procez instruit, les opiniós
alloient à la commiseration d'v-
ne femme de grande maison, separee depuis vingt ans de son
mary, & les charges n'estoient
prouuees que par les esclaues:
mais Rubellius Blandus con-
clut au bannissement, Drusus
fut de son aduis, & il y ramena
ceux qui n'alloient pas à ceste
rigueur. Le Prince ne doit opi-

*Adsensit
Drusus
quanuis
aliqui mi-
tiora cen-
suissent.
TAC.*

ner le premier ny le dernier,
c'est à luy de conclurre & ordonner. Piso dit brauement cecy à Tibere au commencement
de son Empire. Quel rang Cesar prendrez-vous pour opiner;

*Quo loco
censebis
Cæsar? si
primus
habebo
quod se-
quar, si
post om-
ne vereor
neimpr. -
dens dif-
sentiam.
TAC.*

si le premier ie seray obligé de
vous suiure, si le dernier il se ren-
contrera que mon opinion ne

sera pas la vostre, & i'auray faict
vne faute sans vouloir faillir.

Dion remarque vn autre moië
pour auoir l'heritage d'vn homme riche. Sextus Marius auoit
vne fille belle & ieune, Tibere
la desire, le Pere la destourne en
vne maison des champs. Pour le
faire reuenir on les accuse d'in-
ceste. La fille dit à son pere, Ne
*leur donnons ce contentement de disposer à
leur gré de vous & de moy, & nous reduire à tel poinct qu'il ne nous sera pas permis
de mourir bonnestement. Ie n'ay accoustumé de prier que les Dieux, ie ne veux estre
obligé de ma vie à Seianus, aux despens de
ce qui m'est plus cher que mille vies. Marius honteux de voir que son
courage eust besoin de l'exemple de sa fille, se tua le premier,
& elle apres.

Ceste mort profita ample-
ment à Tibere & à Seianus : car
ils furent les heritiers de Marius.

homme si riche, qu'estant offencé d'vn sien voisin il le fit venir en sa maison, luy fit bonne
chere deux iours durant. Au
premier il ruina sa maison, au
secõd il la rebastit & plus belle
& plus ample, le maistre du logis retournant le troisiéme iour
s'estonna de ce changement,
Marius luy dit, i'ay fait l'vn comme ton ennemy pour me venger, & l'autre comme ton amy
pour le bien que ie te veux.

　　Il n'y auoit lors seureté ny repos à Rome que pour les Delateurs gens pernicieux, que le
desordre auoit mis en credit
pour ruiner & gaster tout, &
qui estoient tant supportez que
leur calomnie demeuroit non
seulement impunie, mais re-
compensee. Plus ils estoient fermes & roides à soustenir le faux,
& brauer le vray, plus on les

gratifioit; n'estant non plus permis de les offenser que les choses sainctes & sacrees: Les autres
qui permettoient à leur conscience de les dementir, & ne
s'oppiniastroient contre la verité estoient mesprisez & punis.

Vibius Serenus Proconsul de
la basse Espagne, fust accusé par
son fils d'auoir conspiré contre
l'Empereur, & enuoyé des gens
aux Gaules pour soufleuer & esmouuoir les peuples. Il comparut auec la crasse & la crotte
qu'il auoit encores de son voyage: car il estoit freschement retourné de son exil; & quoy qu'il
vit sa vie en peril, il eust le front
ferme deuant ses Iuges, & d'vn
œil d'indignation & de mena-
ce, regarda son fils qui estoit
tout ioly & paré. Trepignant
des pieds de colere, & faisant
du bruit auec les chaisnes : car

il estoit conduit par les Soldats
qui l'auoient en garde, il leua les
mains au Ciel pria ses Dieux
de le renuoyer d'où il venoit,
punir l'ingratitude & l'impieté
de son fils. La nature tant indi-
gnement outragee luy permettoit ces imprecatiós, & ne pouuoit souffrir qu'il se monstrast
Pere contre ce malheureux qui
s'estoit reuolté du denoir du
fils. Le Pere se doit contenter
d'vne legere peine pour vne ex-
trémé faute; mais ceste desloyauté estoit si estrange qu'elle tira de son cœur ceste priere
aux Dieux pour le chastier. Par
tout où l'on trouue des monstres on les estouffe, sans considerer d'où ils sont: on nourrit
les oiseaux qui sont venus des
forests; on tuë les scorpions qui
font nez à la maison.
Ceste contenance si asseuree

imprima en l'esprit des Iuges
l'opinion de l'innocence du pere, & fit voir la meschanceté du
fils, lequel effrayé du remord
de sa conscience; du bruit du
peuple qui le menaçoit de la
prison, des coups de pierre, &
du supplice des Parricides, s'en-
fuit à Rauennes, d'où Tibere le
fit reuenir, le contraignant de
poursuiure son accusation; car
il vouloit en toute façon se desfaire de Serenus, ayant sur le
cœur le desplaisir d'vne lettre
qu'il luy auoit escrite huit ans
auparauant, en termes plus ar-
rogans que des oreilles super-
bes & delicates aux offenses ne
pouuoient supporter. Les Senateurs opinerent là dessus. Gallus Asinius fust d'aduis qu'on le
releguast aux Isles de Giare, ou
de Donuse: ce qu'il ne trouua
pas bon, parce qu'il n'y auoit

point d'eau en l'vne ny en l'autre, & qu'il estoit raisonnable
de donner moyen de viure à
ceux à qui on laissoit la vie.
Cruelle pitié ! il vouloit que les
commoditez de la vie seruissent
à la duree & entretenement des
miseres de la peine.

Il estoit permis au plus meschant d'attaquer le plus homme de bien, luy dire des iniures,
& luy faire des affronts : les
Maistres n'osoient menacer ny
de parole, ny du doigt leurs seruiteurs. Il n'y auoit excez qui
ne fut couuert pour ceux qui
se pouuoient couurir de l'image
de Cesar. La mesme franchise
qui asseuroit le criminel, donnoit aussi l'asseurance & l'occasion de commettre le crime. Ce
grand respect que l'on portoit à
Tibere estoit ailleurs qu'a Rome, où ses statuës estoient aussi

Iupiter

venerables que celles de Iupiter
Olympien : de maniere qu’vn
maiſtre fut condāné d’impieté,
parce qu’il auoit frappé ſon ſer-
uiteur portant vne piece d’argent où eſtoit empreinte l’image de Ceſar.

Annia Ruſilla auoit eſté con-
damnee de faux par le Senat à la
pourſuite de Ceſtius. Deſpitee
de cela elle l’attendit à l’entree
du Palais, proche l’effigie de Tibere, d’où comme d’vn lieu de
Malediction elle tira contre luy
toutes ſortes d’iniures, qui ſont
les armes des ames foibles. Ceſtius n’en oſa demander repara-
tion, parce qu’elle l’auoit iniurié a la faueur & proche de l’i-
mage de Tibere. Il en fit plainte, & dit en plein Senat ces paroles memorables: *Les Princes tien-*
nent le lieu des Dieux, mais les Dieux
n’exaucent que les iuſtes prieres des ſup-

pliants. Il n'y a personne qui coure au Capitole, ny aux autres Temples de la ville, comme à vn refuge pour commettre quelque meschanceté : mais les loix font abolies & renuersées iusques aux fondements, puis qu'en la place publique, à l'entrée du Palais on est côtraint d'endurer des iniures, d'ouyr des menaces, sans qu'on puisse esperer Iustice pour le respect de l'effigie de l'Empereur.

Quand l'Histoire n'auroit dit que cela pour nous representer l'estat du miserable regne de Tibere, il y en auroit assez pour en recognoistre la violence & le desordre, & qui sçait comme Seianus se gouuerne, ne peut ignorer comme l'Estat est gouuerné. Triste estoit lors la condition du Citoyen Romain : il y auoit du peril à parler & à se taire, les seules pensées passoiét sans tribut & sans danger, pourueu que la contenance ne fit paroistre, ou de la ioye pour Agrippine, ou du despit côtre Seianus.

Ce pouuoir abſolut qu'il auoit
ſur les biés des Romains faiſoit
dire aux vns qu'il eſtoit bon de
demeurer a Rome, & d'auoir ſõ
bien hors l'eſtéduë de l'Empire.

Vacia homme riche, & qui
auoit eſté Preteur ſe retira en ſa
maiſon des champs, ne troüuãt
autre retranchement contre la
violéce que la ſolitude. Il eſtoit
bien difficile aux hommes de ce
temps là de s'y reſoudre, car ils
croyoient que qui le faiſoit de
ſon mouuement s'eſloignoit
tellement de la nature qu'il s'eſ-
leuoit par deſſus elle auec les
Dieux, ou ſe raualloit au deſſous d'elle auec les beſtes. Toutes les fois que l'amitié d'Aſinius Gallus parent d'Agripine,
ou la haine de Seianus, auoit
ruiné quelqu'vn, les hommes
de ce temps là s'eſcrioient, ô
Vacia, il n'y a que toy qui ſça-

Vacia
nulla re
alia quã
otio notus
conſenuit
& ob hoc
vnus fœ-
lix habe-
batur.
SEN.

O Vacia
ſolus ſcis
viuere.
SEN.

che viure.

La vie solitaire estoit la plus asseuree, la ciuile plus perilleuse, & la rustique la plus agreable, aussi est-elle la maistresse de l'espargne, de la diligence, de la droicture & simplicité: Elle n'estoit suiuie auec tant d'hôneur, & ne dônoit tant de contentemét qu'autrefois lors que les grands Capitaines alloient du Triomphe à la charuë, du labourage aux armes, & de la moisson au Senat. La terre prenoit plaisir en ce temps de donner des fruicts en abondance & recognoistre le labeur de ces mains victorieuses, qui la cultiuoient par vn coutre couronné de laurier.

Seianus ce torrent d'orgueil & d'insolence se desborde: il n'y a plus personne qui l'arreste, tout ce qui le pouuoit retenir

Vita rustica parsimoniæ, iustitiæ ac diligentiæ magistra. C I C.

Attilii manus rustico opere attritæ, salutem publicam stabilierunt. V A L.

Gaudebat tellus vomere laureato. P L I N.

est abatu. Tibere est blasmé de soufmettre la fortune de l'Empire à la discretion d'vn homme seul, & ses volontez à celles de son valet.

L'ambition est souuent louche ou il faut voir clair, & s'esgare en pensant tenir le plus droict, elle perd Séianus, & fait reüssir ses desseins tout autrement qu'il n'esperoit. Il se promettoit que Germanicus estãt mort, rien ne l'empescheroit que Drusus, il l'a fait empoisonner, & voila que la succession est hors de doute pour les enfans de Germanicus. Il faut pour asseurer sa Tyrannie qu'il s'en desface, & il l'entreprend d'autant plus hardiment que les precedentes meschãcetez sont reüssies heureusement, & que le pere ne se soucie de venger la mort de son fils.

Il luy fait croire que ſes enne-mis veulent tirer du profit de ceſte perte, qu'Agripine eſt reſoluë de regner. Il n'a beſoin de grand artifice pour luy perſua-der: car il voyoit la ſucceſſió ouuerte, & ceſte femme bien de-liberee de mordre à la pomme. Il eſt reſolu de faire perir la mere & les petits, Seianus s'y trouue bien empeſché : car de penſer córrópre Agripine, cóme il a fait Liuia, il n'y auoit nulle apparence, elle eſtoit d'v-ne pudicité inuincible & impe-netrable: donner du poiſon aux trois enſemble, il eſtoit impoſ-ſible, & ſeparément fort diffici-le, tant eſtoit grande la fidelité & la vigiláce de leurs ſeruiteurs.

D'ailleurs, on ne pouuoit pas traicter ceſte Princeſſe comme les autres femmes : toute la vil-le eſtoit pour elle, la calomnie

la plus hardie & effrontee ne
l'euſt oſé attaquer , elle marchoit fermement entre la ialouſie de Tibere , & l'ambition de
Seianus , qui ne trouuoit plus
court chemin pour la ruiner
que d'animer contre elle l'Empereur en luy faiſant apprehender ſon courage & ſes eſperãces.

Il ne perdit point de temps en
cela , & rencõtra peu apres vne
grande occaſion pour faire eſ-
clatter ce mauuais deſſein. On
ſacriſioit au commencement de
l'annee vn bœuf aux cornes do-
rees à Iupiter pour le SALVT
DV PRINCE QVI EST CE-
LVY DE L'ESTAT : les Pon-
tifes & à leur exemple les autres
Preſtres recommanderent aux
meſmes Dieux Neron & Dru-
ſus enfans de Germanicus , non
tant pour l'amour d'eux que
pour plaire à Tibere en luy fai-

Solennia
vota pro
in ou-
mitate
tui, quæ
ſalus pu-
blica cō-
tinetur
& ſuſce-
pimus &
ſoluimus.
PLIN.

G iiij

sant cōnoistre que l'on desiroit perpetuer l'Empire en sa maison. Les mœurs estoient si gastees qu'il n'estoit pas plus dangereux de flatter trop que de ne flatter point.

Tibere se fascha de voir ceste ieunesse aller du pair auec sa vieillesse, & demanda aux Pontifes, s'ils auoient fait cela par les prieres ou menaces d'Agripine, & respondans que non, il les entança, mais doucement, car ils estoient pour la plus part ou parens d'Agripine, ou des premiers de la ville. Il alla expres au Senat sur ce suiet, fit vn grand discours pour leur monstrer que de là en auant les esprits des ieunes gens foibles & muables ne denoiēt estre poussez à l'orgueil par les honneurs qu'on leur donnoit deuant le temps.

Seianus fit encores plus de
bruit de cela que Tibere, difant
que tout fe perdoit puis que l'on
ne mettoit plus de difference
entre le Prince & fes parens,
que la ville de Rome s'en alloit
diuifee comme en la guerre ci-
uile lors qu'elle auoit trois Sei- *Facta*
gneurs, Cefar, Pompée & Craf- *tribus*
dominis
fus, que l'authorité de l'Empe- *communis Roma.*
reur y eftoit la moindre, que les *uis Roma.*
defirs de l'ancienne liberté fe *LVCAN.*
refueilloient, que le parti d'A-
gripine eftoit formé, & que fi
l'on n'y refiftoit le nombre en *Nullum*
feroit plus grand, que l'on ne *aliud*
gliscentis
pouuoit donner autre remede à *discordiæ*
la difcorde qui commençoit de *remediũ*
pouffer & foifonner qu'en fai- *quam fi*
vnus al-
fant mourir promprement vn *terne*
oudeux. *maxime*
prompti
Il n'en menaçoit que deux, & *fubuertã-*
en vouloit frapper plufieurs, *tur.*
mais il croyoit que ces deux, C. *TAC.*

G y

Amicitia Germa-nici per-nitiofa vtrique. T AC.

Silius, & T. Sabinus tomberoiēt
de fi haut que tous les autres ap-
prehenderoient leur cheute.
Leur affectiō genereufe enuers
la maifon de Germanicus n'a-
uoit point degeneré de la nature d'vne vraye amitié, encores
qu'elle leur fuft non feulement
fterile, mais calamiteufe. Varro

Turpe aliis gra-tificari per dede-cus pro-prium. T AC.

Conful accommodant vilainement fa confcience & fon honneur à la paffion de Seianus accufa C. Silius, & Sofia Galla fa
femme, T. Sabinus fut referué
pour vne autresfois , & quoy
qu'ils reprefentaffent que cefte
pourfuite eftoit violente, & que
Varro deuoit attendre qu'il fuft
hors du Confulat , on leur fit
leur procez comme en crime de
Maiefté, encores qu'ils ne fuffent accufez que d'auoir diuer-
ti à leur profit les deniers de la
Republique , & qu'il n'y euft

personne qui en demandaſt
reſtitution : mais Tibere eſtoit
ſi accort qu'il donnoit aux fautes plus legeres les nõs des crimes plus odieux. Silius voyant
cela ne ſe deffend point , & s'il
parle ce n'eſt que pour mõſtrer
que la pourſuite eſt trop puiſſante , & preuoyant qu'il ne ſe
pouuoit ſauuer , ſon courage le
conſeilla de preuenir la mort,
neceſſaire par la volontaire. Sofia fuſt e nuoyee en exil.

Son imprudence & ſa vanité
aiderent à ſa ruine , il ne ceſſoit
de ſe vãter que Tibere luy eſtoit
obligé de l'Empire , & que ſi les
Legions qu'il commandoit en
Allemagne ſe fuſſent reuoltees
cõme les autres , il ne l'euſt pas
tenu long temps. Ce reproche
donnoit viuement en l'eſprit de
Tibere : car il deſtruiſoit ſa fortune , ne luy donnoit aucune

part en la prosperité des affaires, & faisoit cônoistre qu'il n'e-
stoit en sa puissance de s'acquit-
ter de ceste obligation. Quand
le seruice est si grand qu'il ne se
peut reconnoistre, les Princes
le content non seulement pour
rien, mais pour offence, la haine tient lieu de recompense, &
les affronts de remerciement.

Il est plus seur d'estre obligé à
son maistre que de l'obliger, &
vn seruice qui ne se peut recom-
pêser réd le seruiteur importun.

Parmi tout cela Seianus se
voit si esloigné de ses esperances qu'il redouble la course
pour y arriuer, & par vne imprudence aueuglee en donne
cognoissance à Tibere. Il est
vray qu'il y fut forcé par les
crieries ordinaires de Liuia qui
ne cesse de le sommer de sa parole, legitimer leurs amours &

changer le nom de maistresse en
celuy de femme. Seianus luy
donne des paroles pour des effects, elle se met en colere, il
l'appaise, elle pleure, il la flatte,
& quoy que la raison luy die cōme les nourrices aux enfans, *ne
plorez pas & vous l'aurez* : la patience luy eschappe, son cœur
est comme vne mine qui es-
clatte auec plus de ruine & de
bruit, plus elle est contrainte &
forcee. Il se laisse emporter à
l'ambition de ceste femme qui
pensoit d'espouser auec son mary le tiltre d'Auguste, & pour
la contenter descouure son dessein à l'Empereur; le supplie d'a-
greer le mariage. Il luy presente
la requeste; & quelque faueur
qu'il eust, il ne rompit l'ordre
de ne traiter auec le Prince que
par escrit.

Cesar l'auoit introduit afin

* La rai-
son doit
dire à la
colere ce
que la
nourrice
dit à l'en-
fant, Ne
plorez
pas, &
vous
l'aurez.
PLVT.
Seianus
nimia
fortuna
secors &
muliebri
cupidine
incensus.
TAC.

qu'il euſt du temps pour conſi-
derer ce qu'on demandoit & ce
qu'il deuoit reſpondre, & pour
rendre l'expedition des affaires
plus commode : car l'affluence
eſtoit ſi grande, & la ville de
telle eſtenduë qu'il eſtoit im-
poſſible de ſatisfaire à tout ſur
le châp. Auguſte eſcriuoit toutes ſes reſponſes afin qu'il ne dit
ny plus ny moins de ce qu'il
auoit penſé. Le ſuiet de la re-
queſte eſtant hardy il ne la pre-
ſenta pas en tremblant, on eſ-
conduit plus hardiment vn ſup-
pliant timide, prier mollement
& negligemment, c'eſt douter
ou du merite de la priere ou du
pouuoir de celuy que l'on prie.
Il fait vn complimēt de gratitu-
de & de ſouuenance : car le bon
courtiſan ne commence iamais
par le petitoire, & y adiouſte
vne impie flatterie, diſant qu'il

donne cest ordre de parler de ses affaires plustost à ses maistres qu'à ses Dieux. Elle estoit en ces termes. *Le bien qu' Auguste m'a voulu & celuy que vous m'auez fait en plusieurs occasions (Cesar) m'obligent de ne porter mes vœux ny mes esperances aux oreilles des Dieux premier qu'aux vostres. C'est pour vous dire qu'encores que ie n'aye iamais demandé ce grand esclat des honneurs, & que toute mon ambition n'ait esté qu'à veiller & trauailler comme le moindre Soldat pour vostre seureté & prosperité: i'ay neantmoins ce contentement que i'estime par dessus tous les autres que l'on m'a desia estimé digne de* l'alliance des Cesars par le mariage de ma fille auec le fils de Claudius.

C'est le fondement de mon esperance, & parce que i'ay ouy dire qu' Auguste proposant de donner vn mary à sa fille, eut quelque dessein de faire eslectiõ d'vn Cheualier Romain, ie vous supplie que si vous en cerchez vn pour Liuia vefue de vostre fils, il vous plaise de vous souuenir de celuy que vous auez tousiours aymé, & qui en cela n'a autre dessein que la gloire de vostre alliance, sans

Spes & vota non prius ad Principum aures quàm ad Deos. TAC.

Qui excubias & labores vt vnus militum pro incolumitate principis mauult haud vnquam honorum fulgorem precatur. TAC.

Augustus in collocanda filia non nihil de equitibus Romanis consultauit. TAC.

qu'il quitte les charges dont vous l'auez ho-
noré. Il me ſuffit que ma maiſon ayt vn ap-
puy contre la mal-veillance d'Agripine, &
encores ce que i'en fais n'eſt que pour l'amour
de mes enfans : car pour moy ie me contente
de la vie, puis que ie l'ay paſſee toute entiere
au ſeruice d'vn tel Prince.

Tibere ayant loüé la pieté de Seianus, & ramentu en peu de paroles
les gratificationsqu'il luy auroit fait,
adiouſta que l'affaire meritoit du
temps pour vne entiere reſolution,
& parla en ceſte ſorte: Les entrepriſes du commun des hommes s'arreſtent volontiers au profit　; mais la condition des
Princes eſt toute autre : car ils doiuent rapporter à la reputation le principal de leurs
deſſeins. Pource ie ne veux reſpondre à ta
demande auſsi promptemēt que ie le pourrois
faire. Leuia peut d'elle-meſme reſoudre ſi elle ſe doit marier, ou patienter en la maiſon
de Druſus mon fils, ſurquoy elle a des conſeils plus proches que le mien, ſon ayeüle &
ſa mere : mais pour moy ie te donneray franchement mon aduis du ſurplus, & premierement quant aux inimitiez d'Agrippine,
c'eſt ſans doute qu'elles s'enflammeront plus
ardamment ſi le mariage de Liuia diuiſe lā

maison des Cesars en diuerses parties. De là on verra esclatter les ialousies des femmes: & par ceste discorde mes nepueux entreront en querelles: & que sera-ce, s'il faut venir aux mains pour ceste alliance.

Tu te trompes, Seianus, si tu penses peuuoir demeurer tousiours en mesme estat, & que Liuia soit de telle humeur qu'elle vueille vieillir auec vn Cheualier Romain, ayant espousé Cesar, & apres luy Drusus: & quoy que i'y consente, crois-tu que ceux qui ont veu son frere, son pere, & nos ayeux aux souueraines dignitez endurent que ie le permette? Tu te resous de viure en l'estat où tu es, mais les Magistrats & les premiers de l'Estat qui contre ton gré te visitent, & te demandent aduis de toutes choses, reconnoissent que tu n'es pas pour en demeurer là, que tu t'es eslené par dessus la qualité d'vn Cheualier, & que i'ay bien passé les termes de la bien-veillance que mon pere te portoit. Ils le dissimulent en public, mais en particulier ils blasment mon affection par l'enuie qu'ils te portent. Tu diras qu'Auguste auoit proposé de danner sa fille à vn Cheualier Romain: & de vray c'est merueille, si ayãt l'esprit porté à penser à tout, & ayant preueu iusques à quel degré de puissance pourroit

Quid si intendatur certamen?

* Que sera-ce s'ils te font appeller?

Vix cum equite Romano senescet: quæ nupsit Cesari. TAC.

*Il n'y a cupidité si reglee qui s'arreste où elle se trouue.

Excessit equestre fastigiũ Seianus. TAC.

Augusti animus in omnes oiras distrahi-tur. TAC.

monter celuy que par ceste alliance il esleue-roit sur les autres, il n'a parlé de Caius Pro-culeius, & de quelques autres d'vne remar-quable tranquilité de vie, qui ne se sont en aucune façon mislez dans les affaires de la Republique. Que si nous sommes estonnez de son irresolution, mesmes à l'aduantage de ceux-cy ; combien plus le deuons nous

Insignis vitæ tranquil-litas mul-tis R. P. negotijs permix-to. TAC.

estre de ce qu'il maria sa fille à Agrippa, & puis à moy ? C'est ce que mon amitié ne me permet de te celer, & au party de là, ie t'as-seure que ie ne me mettray iamais au deuant de tes desseins, ny de ceux de Liuia. Ie ne te veux dire maintenant ce que i'ay resolu de faire auant que l'annee se passe, & de quel-le alliance ie desire te ioindre à moy: ie te di-ray seulement qu'il n'y a rien de si esleué où

Nihil tam ex-celsum quod non mettean-tur vir-tutes TAC.

tes vertus, & ceste affection que tu me por-te ne puissent atteindre, & quand l'occasion d'en parler se presentera, ou au Senat, ou au peuple, ie ne m'en tairay pas.

Mais Seianus donnoit plus de creance à ses pensees qu'aux paroles de Tiberes, & son esprit forcené de ceste ambition n'e-stoit plus capable de raison. Il a eu beaucoup de peine à venir

iufques icy, il n'y a plus de chemin pour paſſer outre. La mon-
tee a eſté difficile, gliſſante &
roide, quand il ſera au ſommet
il n'y trouuera que du tremblement, & verra tout autour de
ſoy vn precipice horrible.

Tibere ne le voulant pas perdre luy faiſoit voir qu'il couroit à ſa perte, & le redreſſoit:
Qui marque l'endroit où l'on
a failly le bon chemin, n'o-
blige pas moins que celuy qui
monſtre où il faut aller. Il luy
fait connoiſtre que ce mariage
ſera vne ſource perpetuelle de
diſcorde en la maiſon des Ce-
ſars, & que les meſmes choſes
qui ſeruent de ciment entre les
perſonnes qui ſont d'accord,
forment la haine dans les eſprits
qui ſont deſia alterez.

Mais Seianus n'eſt pas tant en
peine du ſuccez de ſon mariage,

que des soupçons qui commencent à se former dans la fantasie de Tibere contre ceste grande & puissante authorité qu'il a vsurpee aux affaires, qui font en peu de temps degenerer la confiance en crainte, l'affection en ialousie, la liberté en necessité.

Auoir des seruiteurs trop grands n'est pas vne bonne marque de la grandeur du Prince, & neantmoins c'est le propre des grands Princes d'esleuer les merites, & recompenser les seruices: car en quelque lieu que la Vertu se rencontre, elle veut estre honoree; elle considere plus la personne que le pays, l'industrie que la naissance. De tout temps Rome à veu des hommes nouueaux esleuez aux grands honneurs; T. Coruncanus grand Pontife, Sp. Caruis

Præcipuum incidium magne Principis magni liberti. TAC.

In cuiuscunque animo virtus sit, ei plurimum tribuendum. VELL.

lius Consul. M. Caton Censeur,
Mummius triomphant, & Ma-
rius six fois Consul.

C'est fureur de s'opposer aux
volontez du Prince, quand il
dit, Ie le veux, il rend raison de
ce qu'il fait. On s'estonnoit de
ce qu'Euthymus auoit esté mis
au nombre des Dieux auant sa
mort, & qu'il receuoit en sa vie
des sacrifices : mais on se payoit
de ceste seule raison, *Iupiter l'a
ainsi voulu.*

*Consecra-
tus est,
vitiens,
sentiens-
que Eu-
thymus,
nihilque
adeò mi-
rū aliud
quam
hoc pla-
cuisse
Dijs.*
PLIN.

Oster au Prince le pouuoir
d'esleuer les petits, & abattre
les grands, c'est luy arracher le
sceptre de la main, rendre sa
puissance vn phantosme, &
esteindre la plus viue lumiere
de la Maiesté. L'Estat à interest
que la liberalité recognoisse le
merite, & que la bien-veillance soustienne le seruice. La condition du Prince seroit bien du-

*Interest
Reipu-
blicæ
quod vsu
necessa-
rium, &
dignitate
eminere,
vtilita-
témque
authori-
tate mu-
niri.*
VELL.

re, s'il ne pouuoit choisir sur ce grand nombre de seruiteurs, quelqu'vn digne d'vne plus estroite confiance, selon le bon-heur de l'ellection, ou la force du merite.

Il n'importe que la faueur dône de la ialousie aux grands, de l'enuie aux esgaux, de la haine aux petits, pourueu qu'elle ne trouble point l'ordre des affaires, & que l'interest particulier n'engloutisse le public; car quãd cela arriue, & que pour enrichir vn petit nombre de fauoris, il faut que l'estat s'appauurisse, que tout soit en desordre, le Prince qui distribuë si mal ses faueurs, en est mesprisé, comme n'ayant ny iugement ny iustice en ses ellections, & le fauory esprenue qu'il n'y a plus cruel supplice que la haine publique.

S'il plaist au Prince, il le reduit

Dubium en fato Principum inclinatio in hos, offensio in illos, an sit aliquid in nostris consiliis. TAC.

Vt pauci illustrentur, mundus euertitur: vnius honor orbis excidium est. SAL.

Nullum grauius suppliciũ odio publico. SEX.

auffi bas qu'il l'a efleué , & ne faut qu'vn fouffle pour abattre vne puiffance qui ne fe fouftient de fes propres forces. Tibere a bien quelque ombrage de ce grand pouuoir de Seianus, mais celuy de la bien-veillance que tout le peuple porte à la maifon de Germanicus , le preffe d'a-uantage : & Seianus qui voit fon imagination bleffee fur ce-la, luy reprefente le peril plus grand qu'il n'eft , refueille dans le cœur de l'Imperatrice les vieilles rancunes qu'elle a con-tre Agripine, cefte fouuenance la met en colere ; & la colere qui eft le nerf qui dóne les mou-uemens plus brufques à l'ame, luy fait confiderer qu'elle ne fe-ra rien fi fon ennemie eft quel-que chofe.

Pour faire penetrer cefte ap-prehenfion plus viuement dans

Fluxa fama potentiæ nõ fuis viri-bus nixæ TAC.

* La co-lere eft ordonnee comme compa-gne à la raifon & Bafile l'appelle le nerf de l'ame.

son esprit, il y employe Mutilia Prisca sa confidente, & pour gaigner ceste-cy, practique Iul. Posthumius qui luy faisoit l'amour. L'Imperatrice fut incontinent esmeuë des esperances d'Agripine, & la crainte d'aller non seulement au dessous, mais du pair auec elle, luy fournit assez d'artifices pour la rendre encore plus odieuse à Tibere qu'elle n'estoit. D'ailleurs, Seianus auoit des gens apostez qui entretenoient Agripine de vanitez, & inspiroient en son esprit les douces esperances du Gouuernement; & comme les choses agreables entrent facilemét en la creance des femmes, elle se rendoit plus libre à recercher les occasions de donner de la ialousie à Tibere, & du contentement au peuple.

Mais comme le siecle estoit si corrom-

corrompu, qu'encores il y auoit
de la vertu à ne point faire de
mal, & de la pieté à ne rien faire d'impie: Tibere resolu de ne
faire point de bien à Agripine
craignoit neantmoins d'estre
blasmé d'impieté & d'ingratitude s'il luy faisoit du mal. Pour
ce son indignation n'osant aller
droit à elle, attaqua premierement ses amis & ses parés. Clau-
dia Pulchra sa cousine fut accu-
see d'adultere auec Furnius, de
charmes & de poison contre
Tibere.

Domitius Afer qui à tout prix
vouloit faire sa fortune, fut l'ac-
cusateur : Il estoit du nombre
de ceux que Seianus entretenoit, & s'en seruoit comme de
petits instrumens pour remuer
de grandes machines. Sur ceste
accusation Agripine toute en-
flambee de colere & pour son

H

iniure & pour le peril de sa pa-
rêté vint voir Tibere, & le trou-
uât qu'il faisoit vn sacrifice pour
son pere luy dit:

Ce n'est pas ainsi qu'il faut immoler des
victimes à Auguste, & persecuter sa posterité. L'esprit de ce grand Prince n'est point
dans ses statuës muettes, mais sa vraye
image qui est nee de son sang celeste, entend
bien la difference par le mauuais traicte-
ment qu'on luy fait estant reduite au miserable estat des accusez. Ce n'est pas à Pulchra
que l'on en veut, c'est à moy, ie suis seule cause de sa ruine, elle n'a fait autre mal sinon
qu'elle a monstré n'auoir de l'affection que
pour le seruice d'Agripine, & imprudem-
ment : car elle se deuoit souuenir que Sosia
Galla auoit esté releguee pour cela.

Ce discours pressa tellement
Tibere que la dissimulation luy
eschappa, & tira du profond de
son cœur vne parole aigre &
estrange pour son humeur qui
n'auoit pas accoustumé d'aller
si auant : car apres luy auoir dit
qu'elle deuoit moderer sa passion, il adiouste vn vers Grec en

*Non in
effigies
mutas
diuinus
Spiritus
transfu-
sus.*
TAC.

*Pulchræ
sola exi-
tij causa
quod A-
gripinã
stultè
prorsus
ad cul-
tum di-
legerit.*
TAC.

ces mots, *Tu crois ma fille qu'on te fait tort si tu ne commande.*

Si Agripine entendoit le Grec ce mot ne passa pas sans repartie, & il est certain que les Princesses de ceste qualité estoient sçauantes, Agripine sa fille fit vne histoire, Auguste loüoit l'esprit de ceste-cy qui auoit assez de temps demeuré à Athenes & aux autres villes de Grece auec Germanicus son mary pour en entendre quelques mots.

Et c'est sans doute que ceste parole donnant iusques au vif de son ambition & enflammant sa colere elle ne se peut tenir de dire cecy, ou sur le champ, ou en se retirant, *Nous en voila bien puis que l'esperance d'vne femme donne de la ialousie à Tibere, de la peur à Seianus. Si i'ay de l'ambition ce n'est pas pour moy, mon sexe fait tort à mon courage, si ie desire de regner ce n'est qu'en mes enfans. Où trouuent ils que ie dois aimer les miens moins que ie*

Mihi
nunquam
persuade-
bunt vt
meos a-
mari à
me nimis
vnquam
putem.
PLIN.
Agripina
semper
atrox.
TAC.
Pertinax
iræ.
TAC.
Equi im-
patiens.
TAC.

les aime. I'ay part à ce que le Ciel leur re-serue, & ie veux qu'ils sçachent que si ie ne desirois leur grandeur ie ne serois pas mere, & si ie ne leur souhaitois ce qui appartenoit à leur pere ie ne serois pas fille d'Auguste.

Qu'il m'appelle fiere, superbe, impatiente tant qu'il voudra, ie ne sçaurois estre autre enuers ce temeraire qu'il nomme son compagnon, & qui le veut faire auec mes enfans, qui s'est allié aux Claudes, mesle ses images parmy celle des Cesars, renuerse celle des Pompees, qui porte son authorité par dessus celle du Senat, qui a fait mourir mon mary, a ruiné sa maison, persecute mes parentes & mes amies. Ouy ie suis en colere de ce que ie ne commande : car i'aurois honte de commander tant iniustement & iniquement.

Mais que seruent les menaces où la puissance manque? Il n'y a rien de plus messeant que d'estre foible & se mettre en cole-re. Celle d'Agripine ne luy profita de rien, & aduança la condamnation de Furnius & de Pulchra. Domitius Afer qui s'estoit monstré eloquent en leur

* La
foiblesse
& la co-
lere ne
vont pas
bien en-
semble.

accusation fust loüé de Tibere, & mis au rang des premiers
Orateurs, mais auec plus d'e-
stime pour sçauoir bien dire que
bien faire. L'extréme vieillesse
retrancha beaucoup de l'estime
de son eloquence : car ayant
l'esprit las & recreu, il ne se
pouuoit tenir de parler.

On doute si la condamnation
de ces deux Amans fust suiuant
la loy de Iulia, ordonnee par
Auguste contre les Adulteres,
car elle estoit trop douce pour
contenter la cruauté de Tibere,
& l'animosité de Seianus, &
plus honteuse que seuere, releguoit seulement les coulpables
hors de Rome.

Le nóbre moderoit la riguenr
de la peine, car si elle eust esté
capitale, on eust fait des solitu-
des dans les familles. Seneque
dit que cet excez estoit si com-

Prospe-
rior Afra
eloquen-
tiæ quàm
morum
fama.
Tac.

Prospe-
rior Afro
eloquen-
tiæ quàm
morum
fama.
Tac.
* La re-
legation
plus dou-
ce que
l'exil.
N amq;
relegatus
non exul
dicor.
Ovid.

mun de ſon temps que la pudicité eſtoit marque de laideur,
car pour eſtre ſage il ne falloit
pas eſtre belle: qu'il n'y auoit
femme ſi miſerable & deſchiree
qui ſe contentaſt d'vn couple
de ſeruiteurs, qui ne donnaſt à
chacun ſon heure, & à qui le
plus long iour ne ſemblaſt trop
court. Il auoit eſté ordonné que
celle qui auroit pour ayeul, ou
pour pere, ou pour mary vn
Cheualier Romain ne pourroit
eſtre Garſe. Viſtilia iſſuë d'vne
maiſon qui auoit porté des Preteurs, declara deuant les Ediles
qu'elle vouloit que ſa ieuneſſe
ne fuſt ſterille, ny ſa beauté in-
cónuë, en vn mot qu'elle eſtoit
Courtiſane. C'eſtoit toute la
punition que la couſtume donnoit à ces deſbauchees, afin que
la honteuſe declaration d'vne
ſi miſerable & infame tint

lieu de peine. Tibere la fit en-
fermer en l'Isle de Seriphos. Il
faut croire que Seianus ne le ré-
dit pas plus clement enuers la
parente d'Agripine son ennemie, car encheriſſant ſur la ſeuerité de ſes predeceſſeurs, il auoit
deſia fait condamner au banniſſement Aquilia, encores que le
Côſul ne l'euſt condamné qu'a
la peine de la loy Iulia.

Agripine fut ſi offenſee de voir
ſa parente traitee ſi indignemēt
qu'elle en deuint malade. Tibere la viſita, & apres les compli-
miens ſur les ſouhaits du retour
de ſa ſanté ; la douleur porta incontinent les ſouſpirs a la bouche, & les larmes aux yeux de la
malade; & ayant deploré ſa mi-
ſere & la ruine de ſa maiſon, elle ſupplie l'Empereur d'alleger
ſes ennuis, luy permettre qu'elle ſe marie, ſa ieuneſſe ne pou-

uant continuer en ceſte ſolitude, n'y ayant autre contentement aux hóneſtes femmes en
cet aage que le mariage, & qu'il
luy plaiſe d'embraſſer de bon
cœur la protection de la veſue
& des enfans de Germanicus.

*La priere que ie vous fais, mon pere, n'eſt
pas que ie ſois ny ennuyee de ma ſolitude,
ne qu'il y ait rien au monde qui puiſſe r'allu-
mer mon amour, le premier eſt dans les cendres de Germanicus, & ne reuiura iamais.
Ce n'eſt ny pour mon contentement, il n'y
en a plus pour moy. Si les Dieux m'ont encores ordonné quelque grace, il faut qu'ils
me donnent vn nouueau cœur pour la receuoir: car ils n'ont iamais mis au mien que de
l'amertume, il ne ſçauroit tenir ny porter des
douceurs. I'ay beſoin de que'qu'vn qui con-
foite non mon courage, mais qui entretienne
ma patience contre mes ennemis.*

La raiſon d'eſtat qui paſſe par
deſſus toutes les raiſós des Loix
ordinaires, ne pouuoit conſentir à ceſte demande, parce qu'e-
ſtant femme également loüee

pour sa pudicité & pour sa fecó-
dité, elle eust remply vne maison d'arriere-fils d'Auguste, qui
tous euffent vn iour pretendu à
la succeffion de l'Empire.

Pource Tibere confiderant le
preiudice que l'estat pouuoit receuoir de cela, ne luy fit point
de refponce, & pour ne donner
plus de cognoiffance, ou de fon
offence, ou de fa crainte, fe retira froidemént fans mot dire. Ce
filence & cefte froideur enflam-
merent d'auantage Agripine, &
comme les premieres flefches
de la vengeãce font les iniures,
& ce qu'on ne peut faire par le
manquemét de la puiffance on
le fouhaite par l'ardeur de la colere, elle ietta tout ce qu'elle
auoit fur le cœur. Seianus qui
fçait prendre fon temps, confi-
dere tout cela, & par vne offi-
cieufe deffoyauté fait dire à ce-

H v

ste Princesse que les desseins que
Tibere à retenus en son ame côtre elle, sont sur le poinct d'es-
clater, qu'il est resolu de l'empoisonner, & qu'elle prenne
garde de ne rien prendre, ny de
sa main ny de sa viande. Agripine qui par prudence ne deuoit
faire semblât de ces aduis, pour
le peril qu'il y a de donner cognoissance que l'on sçait le dessein du Prince, porta incontinêt
son cœur sur le front, & estant
à sa table s'opiniastra au silence
& a l'abstinence. Comme il vit
qu'elle n'auoit gousté d'vne
pomme qu'il luy presentoit de
sa main, & qu'elle la donnoit à
ceux qui seruoient à table, il se
tourna deuers sa mere, & luy
dit à l'oreille: *Il ne se faut esbahyr si
i'ay ordonné cy deuant quelque chose de rude contre ceste femme, puis qu'elle me prend
pour vn empoisonneur.*

Où commence la deffiance, là finit l'amitié. De ce moment leurs esprits deuindrent irre-conciliables, & le bruit courut par Rome que Tibere feroit mourir Agripine ou en public ou en secret.

Là dessus Tibere fait le voya-ge de Naples, dont le dessein auoit esté souuent resolu, re-mis & rompu. Il disoit que c'e-stoit pour dedier vn Temple à Iuppiter à Capouë, & vn autre à Auguste à Nole, où il estoit mort, mais il n'auoit autre in-tention que de s'esloigner de la ville. Il est certain que Seianus cognoissant son humeur, luy cóseilla ceste retraite pour auoir moyen de le gouuerner à sa mo-de : mais parce qu'il y demeura cinq ans apres sa mort, i'estime qu'il choisit ce lieu pour cou-urir les excez de sa vie.

statuit in eum à quo veneficii insimula-tur. TAC.

Certus procul vrbe di-gere. TAC.

Auguste mourut à Nole.

Cum sæuitiam ac libidi-nem factis pro-meret, locis oc-cultabat. TAC.

Il y en a qui tiennent que ce fut encores pour cacher sa vieil-lesse qui le rendoit mesprisé, & pour ne faire voir son corps qui s'en alloit en pieces, & l'esprit en vouloit sortir comme d'vn bastiment dont les murailles estoient creuez, & les plachers pourris. Ceste mauuaise habitude luy faisoit honte, il auoit la taille haute, maigre & gresle, les espaules courbees & voutees, la teste descouuerte & pelee, le visage semé d'enleueures & de boutons suppurants, & tousiours marqué & deffiguré d'emplastres: le poil de la barbe ne couuroit point ses diffor-mitez, car les Empereurs n'en portoient point. Son naturel se plaisoit à la solitude, & s'y estoit accoustumé à Rhodes, où il fuyoit les compagnies pour cacher la honte de ses desbauches.

** La vieillesse caduque fait mespriser le Prince. Dion le dit de Tibere, & de Nerua. dià tògeras cataphronoumenon. Adrian a esté le premier Empereur qui laissa croistre sa barbe pour couurir ses galastres.*

& de celles de sa femme.

L'vne des plus apparentes raisons fut son impatience, ne pouuant plus durer aupres de sa mere, qui vouloit tout faire, & il ne
luy pouuoit oster l'authorité des
mains ; car il auoit eu l'Empire
par les siennes. A tout propos
elle luy reprochoit qu'il ne regnoit que par son moyen, qu'il
ne luy estoit moins obligé de sa
fortune que de sa naissance. Il
estoit vray ; car Liuia s'apperce-
uant qu'Auguste vouloit declarer Germanicus son successeur,
sur la creance que ceste electiõ
seroit agreable au peuple qui
l'aimoit, & la loüioit, elle auoit
tant fait par ses prieres & ses cõ-
iurations, que Tibere auoit esté
asseuré d'aller à l'Empire apres
Auguste & Germanicus apres
Tibere. Liuia l'en faisoit souuenir : la souuenance estoit vn re-

Qui ex-probrat reposcit. T AC.

proche, le reproche vne som-
mation de recognoissance, & le
manquement ingratitude.

Il fit donc ce voyage pour s'esloigner de sa mere, & y fust accompagné de peu de gens, d'vn
Senateur Cocceius Nerua, sça-
Marino participe Seianus Curtium Atticum oppressit. T AC.
uant aux loix, de Seianus, d'vn
Cheualier, Curtius Atticus que
Seianus ruina. Les autres estoiét
hommes de lettres, & la plus
part Grecs; car il s'entretenoit
de leurs discours, se plaisoit aux
beautez & richesses de ceste lá-
gue, parloit distinctement, pro-
prement & elegamment: cela
ne se fait sans nature, sans art &
sans grace. Plusieurs peuuent
parler, peu de gens sçauent dire;
& pour bien dire, il faut que le
discours soit tousiours à propos,
les mots bons, la suite sans con-
fusion.

Outre le contentement que

Seianus auoit de posseder seul
son maistre, il faisoit ses affaires
auec plus de seureté, & moins
d'enuie ; mais il donnoit tousiours plus de prise à la fortune.
Le seiour de Rome n'y estoit pas
si propre ; car esloignant de sa
maison les compagnies ordinaires, il perdoit ses amis ; en les receuant il faisoit cognoistre le
nombre, & donnoit de la ialousie au maistre. Il en auoit encores vne autre commodité : car
receuant seul les pacquets que
les soldats des gardes portoient,
il estoit seul l'arbitre des Depesches.

Toutes les fonctions de l'ame
de Tibere se detraquerent en ce
mauuais loisir, & tout ce qu'il
auoit de vigueur se fondit dans
les delices, que Seianus assaison-
noit tousiours de quelque insi-
gne exemple, parce que ce Prin-

** Qui se mesle de plusieurs affaires donne beaucoup de prise à la fortune sur luy.*

Qui assiduos in domum ratus arcet, infringit potétiam: qui recipit, facultatem criminantibus præbet. TAC.

** Les soldats portoient les paquets, & estoient appellez speculatores.*

ce croyoit que son authorité
estoit eneruee si la seuerité n'en
maintenoit la reputation. Ceste
solitude luy apporta vne occasion qui confirma grandement
la preuue de sa fidelité; car comme Tibere disnoit en vne grotte, l'ouuerture se laschant tua
quelques officiers, & l'eust ac-
cablé sans le secours de Seianus
qui le couurit de sa teste & de
ses mains, le salut de son Prince
luy estant plus cher que le sien.
Deslors il receut ses conseils,
quoy que dangereux, sans en
considerer les mouuemens, ny
la suite, comme d'vne personne
qui tesmoignoit n'y auoir autre interest que celuy de son authorité.

Il le fait resoudre à se desfaire
de Neron, le plus proche à la
succession, de qui les esperances
troubloient son respos, & en-

tretenoient dans les esprits des peuples les desirs du change-mēt. Il contrefait le Iuge, & ses gens les accusateurs, & le condamne comme criminel. Ce ieune Prince auoit assez de mòdestie en sa condition; mais peu de iugement pour se resoudre sur le champ, & pour considerer les conseils de ses seruiteurs qui ne cessoient de luy dire que sa naissance le portoit à l'Empire, que le peuple le desiroit, que les legions le demandoient, que Seianus estoit assez meschant pour ne le desirer, mais non assez puissant pour l'empescher. Ces paroles ne luy mettoient pas en l'ame des mauuaises pensees, mais tiroient de sa bouche des paroles sans y penser, qui estans rapportees à Seianus, & de là à Tibere, estoient prinses pour coniurations. Quand il est

** Vn Se-
nateur
Romain
essaya la
discretion
de sa fem-
me côme
vn vais-
seau mal
relié : il
n'y versa
pas du
vin ou de
l'huile
dedans,
ains seu-
lement de
l'eau, &
l'entre-
tint de
bourdes
qu'il a-
uoit côn-
trouué.
Pẽt.
Ne vox
quidem
secura,
cùm vxor
virgilias,
somnia,
suspiria
matri Li-
uiæ, atq;*

à la Cour, on prend garde à tout ce qu'il fait : crime aux paroles, crime au silence : toutes ses actions sont espiees ; il n'a ny retraite ny seureté en sa maison, la nuict mesme n'a rien de couuert ny de secret pour luy : il se repose sur le sein de sa femme, il y trouue de la perfidie : car comme vn vaisseau mal relié elle laisse couler tout ce qu'il y met. Elle rapporte à Liuia mere de l'Empereur ses veilles, ses songes, & mesme ses souspirs. Liuia les conte à Seianus , qui bande contre luy son frere Drusus, luy donnant esperance du premier rang , quand son aisné que la haine de Tibere à desia fort esbranlé sera abattu. Drusus auoit l'esprit fier : car outre le desir de commander, & les simultez qui sont ordinaires entre les freres, il estoit ialoux esperduëment de ce que sa mere Agripine aymoit Neron plus que luy. Seianus n'auoit pas l'ame meilleure, ny les intentions plus droictes pour Drusus; mais cognoissant qu'il auoit du courage, & qu'il se portoit librement aux perils, il creut qu'il seroit fort aisé de luy dresser vne embuscade & le perdre.

Tous les amis de Germanicus furent recerchez & persecutez: les amis trompoient leurs amis; la plus ferme amitié n'alloit pas iusques à l'autel, & couuroit des desloyautez inhumaines qui monstroient combien il estoit dangereux que l'homme se fiast à l'homme, de qui le front estoit menteur, l'œil traistre, la mine fausse. Sabinus accusé auec Silius ne demeura pas long temps qu'il ne se vit au mesme precipice où il auoit esté

illa Seiano patefaceret. TAC.

Iam diu sopita fratrum odia accenduntur. TAC.

Multis simulationum inuolucris tegitur natura vniuscuiusque: frons oculi, vultus persæpe mentiuntur. CIC.

cietté : mais ce fut par vne infi-
gne trahifon.

Quatre Preteurs pourfuiuoiĉt
le Confulat, le fouuerain honneur de l'ambition Romaine.
Douze Huiffiers marchoient
deuant le Conful, qui eftoit
affis fe leuoit, qui à cheual
ou en carroffe mettoit pied à
terre, chacun fe defcouuroit &
plufieurs pofoient les efpees par
reuerence. Ceux-cy n'y pou-
uans afpirer que par la faueur
de Seianus qui ne fe pouuoit ac-
querir par des moyens iuftes
ny honorables, ne fçauoient à
quoy fe refoudre. Luy donner
de l'argent? Il n'en a que faire,
il difpofe des richeffes de l'Empire & du Threfor de l'Empereur qui eft de plus de foixante
& douze milliós d'or : Des plaifirs? La nature fe violente & fe
renuerfe pour luy en fournir.

Des honneurs ? Il est plus que
l'Empereur , car ses volontez
donnent la loy aux siennes , ses
statuës sont releuez aussi hautes que celles des Cesars. Pour
meriter la faueur de l'Oracle il
luy faut sacrifier les testes de ses
ennemis.

De ce nombre estoit Titus
Sabinus Cheualier Romain qui
croyant que l'amy qui cessoit
de l'estre ne l'auoit iamais esté,
continuoit depuis la mort de
Germanicus son affection enuers sa femme & ses enfans , les
assistāt en leurs affaires à la maison , les accompagnans par la
ville , faisant gloire de la constance de sa fidelité au temps
que leurs amis plus fidelles
estoient deuenus timides, & les
plus obligez ingrats.

Cela qui plaisoit aux gens de
bien , & irritoit les meschans,

donna droit dans la veuë de Seianus qui rapportoit & à braua-
de & à mespris qu'vn homme
de ceste qualité fist si peu de cô-
te de son pouuoir qu'il se declara ouuertement pour ses en-

nemis. Ceux-cy connoissent &
la blesseure de son cœur & entreprennent d'en arracher le fer
qui y est demeuré. Latiaris pour
trahir Sabinus fait l'espion, &
les autres les tesmoins. Il auoit
quelque connoissance auec luy,
il la renouuelle, la cultiue & la
resserre d'vne familiarité plus
estroite, commence de le louër
de ce que si constammét il auoit

fait durer son amitié apres lé
manquement des autres enuers
la famille de Germanicus parla de ce Prince auec honneur, de
sa femme auec pitié, de ses enfans auec esperance. Sabinus
croyant d'auoir trouué vn hom-

me vrayement confident pour
verſer en ſon cœur ſes douleurs,
comme les cœurs ſont tendres
au ſentiment des calamitez, il
laiſſe aller ſes larmes, puis ſes
plaintes les ſuiuent, & apres cela les reproches & les iniures cõtre Seianus, parle de ſes cruautez, de ſon orgueil & de ſes deſſeins, & comme il eſt mal-aiſé
de retenir vn diſcours quand la
colere & la paſſion luy ont fait
prendre l'eſſor, pluſieurs paroles libres luy eſchapperent contre Tibere.

Ceſte ſecrette paſſion ainſi
euaporee, & ſon cœur ſi librement deſchargé, il creut qu'il
pouuoit faire eſtat aſſeuré de
l'amitié & de la franchiſe de
Latiaris, parce qu'ils auoient
meſlé enſemble, & les plaintes
hardies, & les paroles dange-
reuſes & deffenduës.

Et comme les esprits affligez
se connoissent & se recerchent,
Sabinus alloit tous les iours
vers Latiaris pour luy descouurir tousiours quelque nouuelle
blesseure de son cœur, & d'autant plus confidemment qu'il
le tenoit pour amy tres-fidelle,
& le pauure homme deuoit employer plus de temps & de iugement à l'esprouuer.

Dolores quasi ad fidissimũ deferuntur.
TAC.

Latiaris rapporte aux autres
trois Senateurs le discours que
luy a tenu Sabinus : mais parce
que la preuue d'vn seul ne suffisoit pour le conuaincre ; ils ad-
uisent de se cacher entre le couuert, & le plancher pour les es-
couter, cependant que Latiaris
luy feroit continuer & renouueller ce discours. Il le trouue à
la place, le meine en sa maison,
& luy dit qu'il a des nouuelles à
luy dire ; & s'estant enfermé en
sa cham-

Turpis latebra detestan-da fraus.
TAC.

sa chãbre, luy represente & les
perils passez & les miseres presentes, dont la saison n'estoit
que trop abondante, & renche-
rit sur les vieilles plaintes les
nouuelles frayeurs, non tant
pour luy faire connoistre que
tout estoit deploré, que pour le
faire chanter & parler a sa guise.
Sabinus qui en croyoit encores
plus, luy dit que les choses sont
en tels termes qu'on n'en peut
dire ny predire que du mal, qu'il
ne falloit rien attendre de bien
en vn Gouuernement si tyran-
nique & insolent, & comme on
ne retient aisément les plaintes
& les iniures quãd elles ont vne
fois pris l'essor, & qu'il y a de la
peine a celer ce qui blesse ; il fit
Seianus auteur de toutes les miseres, & priuées & publiques.
Nous retenons difficilemẽt ce
qui nous blesse.

Tout ce discours monta par les trous du plancher aux oreilles des trois Senateurs, qui aussi tost que Sabinus fut retiré acheuerent leur trahison. Tacite dit qu'à l'heure mesme par lettres expresses ils fôt entēdre le tout à Tibere, & luy representent la trahison & leur infamie, & Diō dit que c'estoit pour plaire à Seianus. Il deuoit adiouster qu'il y alloit de leur interest : car outre ce qu'ils vouloient retirer recōpense de ceste desloyauté, & arriuer à l'honneur du Consulat en se deshonorāt en ceste sorte, si l'vn d'eux eust trahy son compagnon c'estoit fait de leurs vies.

Le bruit de ceste meschanceté porté à Caprèes reuint incōtinent à Rome, où il altera merueilleusement les esprits, mit chacun en garde : les oreilles &

Missis
ad Cæsa-
rem litte-
ris ordinē
fraudis
suumque
ipsi dede-
cus nar-
rauere.
TAC.

To siano
charixó-
menos.
DIO.

cogneuës & incogneuës furent
suspectes: on se deffia des murailles & des choses inanimees,
par tout silence, destresse &
estonnement.

Sabinus est fait prisonnier le
premier iour de l'an : Est-ce ainsi
(dit-il à ceux qui le prenoient)
que l'on commence l'annee? faut-il que Seianus ait des victimes de ceste qualité ? &
quelle seureté au Citoyē Rom. puis que entre
les vœux & les ceremonies sacrées où l'on
s'abstiēt mesmes de paroles prophanes, on voit
des cordes, & pour lier & pour estrāgler, &
que dans les temples on trouue les prisons?

On le fit mourir incontinent
sans luy donner loisir de se deffendre & iustifier. Son chien demeura tousiours pres du corps
mort, luy porta à la bouche le
pain qu'on luy donnoit, & quād
il fut ietté au Tybre, il se lança
apres pour le soustenir, afin qu'il
n'allast à fonds : & toute la ville
s'estonna de voir vne telle gra-

cisset, ad os defun-
cti tulit.
Innata-
xit idem
in Tibe-
rim ca-
dauere
abiecto,
susten-
tare co-
natus.
PLIN.

titude en vne beste parmy les
mescognoissances & inhumanitez qui diffamoient les hommes. Tous les delateurs mouru-
rent miserablement : & comme
les Princes ont en horreur les
traistres apres qu'ils ont tiré du
profit de la trahison, Tibere s'en
deffit : car quand il s'estoit serui de ces mauuais instrumens,
il les rompoit pour en prendre
de nouueaux.

Tiberius
sceleru(m)
ministros
vt peruer-
ti ab aliis
nolebat,
ita ple-
rumq; sa-
tiatus et
oblatis in
eandem
operam
recetibus
veteres et
praegra-
ues ad-
flixit.
TAC.

L'Empereur remercia le Senat
de ce qu'il auoit deliuré la Republique d'vn tel ennemi, &
adiousta qu'il passoit la vie en
frayeur & tremblement ; que
les coniurations de ses ennemis
le tenoient en peine : & quoy
qu'il ne les nommast, on voyoit
bien que cela s'adressoit à Agripine, & à ses enfans. Asinius
Gallus opinant selon sa franchise & rondeur accoustumee, dit

que l'on deuoit prier l'Empereur de defcouurir fes craintes,
& permettre qu'on les leuaft de
fon efprit. Tibere trouua cefte
opinion bien hardie : car elle
portoit la lampe dãs le profond
de fon cœur, qu'il ne vouloit
defcouurir. Seianus l'adoucit,
non pour l'amour de Gallus,
mais afin que fa colere eftant retenuë la cheute en fuft plus roide & impetueufe ; ayant toufiours recogneu que plus il pen-
foit à fe venger, plus le temps
rendoit la vengeance violente,
& plus il menaçoit de loin, plus
le coup eftoit rude.

Afinius Gallus auoit beaucoup de credit en la Republique, mais bien plus de deffa-
ueur de Tibere qui redoutoit
fon courage, hayffoit fes vertus,
difoit que l'orgueil eftoit en luy
vne maladie hereditaire, blaf-

Qui me-
tus fate-
tur, eos
& amo-
ueri finat
TAC.
Egrius
accepit
Princeps
ea reclu-
di quæ
promit.
TAC.
Tiberius
lentus in
meditan-
do, vbi
prorupif-
fet, tri-
ftioribus
dictis
atrocia
facta
coniun-
gebat.
TAC.

mant Asinius Pollio son pere, braue Capitaine, vehement Orateur, excellent Poëte, amy de la verité en vn temps qu'elle estoit fort odieuse.

Tibere qui s'estoit tousiours souuenu de la parole picquante qu'Asinius luy dit à son aduenement à l'Empire, quand ne se disant capable que d'en tenir vne partie, il luy demanda brusquement laquelle il vouloit, le fit mettre en prison, où il lāguit trois ans : la mort le mit en liberté ; mais on ne sçait si elle fust naturelle ou forcée. Les Princes ne veulét pas estr᷑ traitez comme cela ; il faut parler à eux, en suppliant & remonstrāt: ce n'est pas les corriger que de leur dire leurs fautes, c'est les offencer.

Sur ce mourut la Mere de l'Empereur, aagee selon Dion,

de quatre vingts six ans, ou de
quatre vingts & deux selon Pline, qui rapporte la longueur de
sa vie à la qualité du vin qu'elle
beuuoit. Le senat luy ordonna
de grands honneurs : mais son
fils non par modestie, mais par
enuie en retrancha vne partie,
& par ses lettres ne dissimula
point qu'il estoit offencé des faueurs de sa mere, taxant le Consul Fusius que l'Imperatrice
auoit aimé, homme propre pour
attirer les affections des femmes, & qui auoit grace à dire le
mot & a se mocquer de Tibere
par des traits emportans la piece. Les grands n'effacent pas si
tost de la memoire ce qui passe
la raillerie.

Les cheueux de Tibere estoiēt
blanchis sous l'obeyssance de
ceste mere ; la vieillesse ny la
maiesté ne l'auoient iamais dis-

*Iulia
Augusta
LXXXII.
annos
vitæ Pa-
cino re-
tulit ac-
ceptos, nõ
alio vino
vsa.
PLIN.*

*Facecia-
rumapud
Præpo-
tentes in
longum
memoria
est dum
acerbæ
sunt.
TAC.*

Parentes nõ amare impietas est. non agnoscere infania. SEN.

pensé de ce deuoir. Le sage Romain auoit desia dit de son téps que qui n'aime ceux qui l'ont mis au monde est impie, qui ne les recognoist est furieux. Mais ce respect fondé sur les deuoirs de la nature n'empeschoit la liberté de la raison d'estat qui se ombrage de tout ce qui entreprend sur l'authorité. Il offensa de ce que sa mere dediant vne effigie d'Aug. aupres du theatre

Iniuria Tiberii nomen suo post scripsit. Id Tiberius vt inferius maiestate Principis dissimulatum & graue offensione abdidit.

de Marcellus auoit mis le nom de Liuia premier que celuy de Tibere, il estimoit que la maiesté estoit blessee en cela, & vn Prince ne doit souffrir qu'elle soit touchee de qui que ce soit. Elle auoit esté mariee à Tibere Nero pere de l'Empereur Tibere, & Auguste esperduëment

TAC. *Penatibus quasi suidam induxit.* TAC.

passióné de son amour la rauit à son mary, & si promptement qu'il ne luy donna loisir de faire

ſes couches, & poſer au logis ce
qu'elle y auoit pris. On ne ſçait
ſi elle conſentit à ce changemét
ou ſi ſon ignorance y apporta
quelque couleur. Les belles
femmes qui ont fait quelque
faute par les prieres d'vn Prince
croyent que l'authorité les excuſe. Helene diſoit que ſa mere
n'auoit point failli, ayant Iupiter pour garand de ſa faute.

Scribonia femme d'Auguſte
fut repudiee pour s'eſtre plainte
trop librement du pouuoir im-
moderé de ceſte nouuelle amie,
ſa cheute affermit Liuia, & ſa
faute luy apprit que pour gaigner le cœur de ſon mari, il falloit complaire à ſon humeur.
C'eſt pourquoy quand on luy
demandoit comme elle auoit
fait pour le gouuerner ſi abſo-
luëment, elle reſpondit, EN
N'ESPIANT SES ACTIONS ET

Vitium
autore
redemit.
OVID.
Matris
inadmiſ-
ſo falſæ
ſub ima-
gine luſæ
Error
ineſt pla-
ma teſtus
adulter
rat.
OVIDI.

DISSIMVLANT SES AMOVRS.

Iamais femme ne donna meilleur conseil à son mary : car voyant qu'Auguste pour auoir regné seuerement ne viuoit pas plus seurement, & que Cinna auoit entrepris de le tuer en vne ville des Gaules quand il feroit le sacrifice, & l'immoler comme vne victime au salut public. Auguste eust extréme desplaisir de cest aduis, & souhaitoit la mort, pnis que tant de gens y auoient interest qu'il mourut, & qu'vn homme de ceste qualité neueu de Pompee entreprenoit de luy oster la vie. En ceste perplexité Liuia sa femme luy dit ces paroles memorables. Les remedes dont vous auez vsé n'ont de riē serui, prenez les contraires, la seuerité iusques icy ne vous a point serui essayez comme reüssira la clemence. Pardōnez à Cinna, son dessein est descouuert, il ne peut nuire à vostre vie, & peut profiter à vostre reputation.

Quid vis? si perire te tā multorū interest? quis finis erit suppliciorū? quis sanguinis? D. AVG.

Seueritate nihil adhuc profecisti tenta quomodo tibi cedat clementia. Ignosce Cinna,

Augufte la creut, fait venir Cinna, & luy monftrant qu'il eftoit
bien informé de fon deffein, luy
dit. *Ie t'ay autrefois donné la vie comme
ennemy & rebelle, ie te dône auiourd'huy,
côme traiftre & parricide, n'en parlons plus
& foyons amis. Faifons voir qui de nous
deux aura mieux fait, ou moy en te pardon-
nant, ou toy en te repentant.*

Comme Tibere auoit fon cô-
fident ; Liuia auoit auffi la fienne. Pour auoir raifon de Tibere
il falloit paffer par la difcretion
de Seianus qui vouloit obtenir
la faueur de Liuia, il facrifioit à
Vrgulania, dont la puiffance
eftoit fi grande en la ville que
l'on n'ofoit rien entreprendre
contre elle pour iufte qu'il fuft:
car elle l'auoit efleué par deffus
les Loix, femme au demeurant
fi fiere & arrogante qu'eftant
appellee au fenat elle refufa d'y
comparoir, encores que perfonne n'en fuft difpenfé, non pas

*deprehê-
fus eft,
iam no-
cere tibi
non po-
teft, pro-
deffe fa-
mæ tuæ
poteft.
D LIV.
Conten-
damus
vtrum
ego, me-
liore fide
ritam
tibi dede-
rim, an
tu debeas
SEN.*

*Amicitia
Augufte
Vrgula-
niam ex-
tulerat
fuprà le-
ges.
TAC.*

mesmes les Vestales. Tibere estant contraint pour le respect de sa mere de se passionner pour tous ses interests ; de maniere que son neueu ayant ietté sa femme par les fenestres il alla incontinent visiter la chambre, & recogneut que ceste femme ne s'estoit pas precipitee d'elle mesmes, comme disoit son mary : car on voyoit encores des marques de l'effort pour la pousser, & de la resistance pour l'empescher.

Tant que ceste Princesse fut enuie, il modera ses velontez, les soulmettant par respect à ses conseils, & Seianus humilioit par deuoir ses desseins sous ses commandemens, ne l'osant cótredire : Mais apres ceste mort tout fut debridé & desbordé, & il n'y eut plus d'espoir ny de refuge à l'innocence.

C. Cesar qui succeda à l'Empire, la loüa publiquement deuant le Palais, de ce qu'elle auoit
sainctement gouuerné sa maison à la vieille mode, sans permettre que le temps y fit entrer
les vanitez & curiositez, qui a-
uoient tant gasté la premiere
simplicité. Princesse douce &
courtoise, au delà de la bien-
seance des femmes du passé, mere qui ne pouuoit rien endurer,
Femme qui n'auoit rien d'insu-
portable, & si accorte qu'elle
s'acommodoit prudemment, &
à la prudence d'Auguste, & à la
dissimulation de Tibere.

Le Senat receut des lettres de
Tibere contre Agrippine, & ses
enfans : l'on creut qu'il y auoit
long temps qu'elles estoient escrites, mais que l'Imperatrice
les auoit retenuës, preuoyant
qu'elles apporteroient du trou-

ble : & quoy que son ambition ne vieillist point, elle ne desiroit toutesfois que d'acheuer en repos le peu de vie qu'elle auoit de reste.

Elles ne blasmoiét Neron ny Drusus d'aucun crime d'estat, ny de leuee de gens de guerre, ny d'auoir tramé des nouueautez ; seulement d'estre desbauchez. Il n'y auoit rien qui offensast la mere que le reproche de son orgueil & opiniastreté. Les lettres leuës, il fut question d'y deliberer; & cóme les opinions vont plus ou moins rigoureuses selon l'inclinatió du naturel de ceux qui opinent, quelques Senateurs : dont les esperances ne se pouuoient fonder sur l'honneur , qui recerchoient les occasions de grace & de faueur dans les miseres publiques , en furent d'aduis, contre les plus

anciens & les plus sages, qui faisant remôter leurs pensées plus
haut que ceux-cy , trouuoient
qu'il n'y auoit esprit si fort &
ferme qui ne deust estre fort retenu à donner ou conseil, ou iugement sur la liberté , ou la vie
de celuy qui peut succeder au
Prince.

Tibere auoit donné la charge
des Actes & Registres du Senat
à Iunius Rusticus, qui n'ayant
auparauant rendu aucune preuue de constance, ny de fermeté,
remonstra neantmoins qu'il e- *Dandum*
stoit bon d'aller lentement en *intersti-*
cest affaire, afin que l'on dônast *tium pœ-*
nitentiæ.
du temps au bon homme pour
TAC.
se repentir, & reuoquer ce commandement: car les choses plus *Breuibus*
importantes se changeoient en *momentis*
summa
vn moment.   Aussi la nature *verti, pos-*
estoit en la maison de Germani- *sunt.*
cus forte & florissante, & en cel- *TAC.*

le de Tibere lasse, recreuë, & caduque.

Sur ceste contention, le peuple qui ne peut souffrir que ces Princes soient traictez comme criminels, deteste ceste iniustice, & en donne le blasme à Seianus, porte par la ville les effigies d'Agrippine & de Neron, s'assemble autour du Palais, crie que les lettres sõt fausses & supposees, fait le procez à Seianus, & feignant les opinions des Senateurs, le plus hardy de la trouppe les ayant recueillies de ses compagnons, prononce contre luy le iugement de mort. Et à cela ne manquent les Satyres, d'autant plus hardies que les auteurs sont secrets ; & sont recueillies & recherchees tant plus auidemment qu'elles ont des pointes viues & ingenieuses.

Seianus qui deuoit parer ces

coups par le mespris, donne ce
contentement à ses ennemis de
faire connoistre que cela le fas-
choit , fait voir à l'Empereur
que sa Maiesté est offencee en
son offence ; que le peuple en-
treprenant de faire des assemblees & des arrests, il ne luy re-
stoit autre chose, sinon de prendre les armes pour eslire Empereur celuy duquel il portoit les
images pour enseignes.

Tibere fait d'autres lettres, &
continuë ses plaintes contre A-
grippine, & ses enfans contre la
temerité & l'insolence de ceste
populace, & contre le Senat qui
a plus consideré l'artifice d'vn
Senateur que la reuerence de ses
commandemens , au mespris
de ses volontez , & à la moquerie de son authorité : mais il
adiouste qu'il s'en reserue la cõ-
noissance. Les Peres s'excusent

Facilè populus duces Im-peratores que diligit quorum imagines pro vexillis sequitur. TAC.

& proteſtent qu'ils eſtoient re-
ſolus à la punition & aux choſes
extrémes ſi ſon commandemēt
ne les euſt arreſtez.

C'eſt icy que tout le monde
regrette la perte ineſtimable
des liures de Tacite qui nous ap-
prendroient le reſte de la fortune d'Agrippine, la coniuration
de Seianus, & nous conduiroiēt
auec le flambeau de la verité
dans les tenebres des coniectu-
rès. Les bibliotheques ont cō-
ſerué pluſieurs liures que nous
leur rendrions volontiers, pour
ce qui manque de ceſt excellent
autheur qui a ſceu tout ce qui ſe
doit ſçauoir des affaires du
monde.

Or Tibere ne ceſſa que le Senat ne l'eut côtenté, & que toutes ſes violences ne fuſſent au-
thoriſees par ſon iugemēt. Rien
ne preſſa tant la condamnation

d'Agrippine & de ses enfans
que l'aduis que Seianus donna
à Tibere qu'elle estoit resoluë
d'aller par les Temples de Rome embrasser les statuës d'Auguste pour faire esmouuoir le
peuple, & que si cela n'y faisoit
rien de se rendre auec ses enfans
en Allemagne pour se saisir des
Legions.

Agrippine ne fut pas traictee
plus doucemēt que ses enfās, &
faut entendre d'elle ce que Suetone dit d'eux qu'il les fit declarer ennemis & mourir de faim.
Neron fust relegué en l'Isle Pō-
tia, Drusus enfermé en la basse
cour du Palais, le bruit fust que
Neron voyant le bourreau qui
luy apportoit la corde, & le crochet pour choisir, se tua de sa
main, & que les alimens estans
desniez à Drusus, il auoit mangé la bourre de son matelas:

Nouissi-
mè calū-
niatus
modo ad
statuam
Augusti,
modo ad
exercitus
confugere
velle.
SVET.

Accusa-
uit per li-
teras a-
tarissi-
me conge-
stis etiam
probris et
indicatos
hostes fa-
me neca-
uit.
SVET.

Drusò a-
deo ali-
menta
subdu-

mais la mort de ces deux Princes ne vint pas si tost ny en ceste
sorte. Suetone a escrit cela sur le
bruit qui fait sa voiture aussi biē
de mensonge que de verité.

On fit le pis que l'on pouuoit
contre Agrippine, & le pis fut
de la releguer en l'Isle de Pan-
datrie en la Mer Tyrrhene, où
elle croyoit d'heure à autre qu'ō
la viendroit estrangler, ou qu'e-
stant endormie on ioindroit la
mort au sommeil. Mais Tibere
vouloit que la vie luy tint lieu
de supplice, & comme les iniures sont moins supportees par
ceux qui croyoient ne les auoir
meritees, & que la cause en est
inique, & ceste pauure Princesse
ne cessoit de se plaindre & la-
menter de l'inhumanité de Tibere. Puis que nous sçauons le
tort qu'elle souffre nous pouuons bien deuiner les plaintes

qu’elle fait. Son discours ordinaire estoit cecy , mais il n’est
point animé de ceste grace
qu’elle luy donnoit par sa grauité , ny de l’ardeur dont elle
l’enflammoit par sa colere.

Est-il content, le cruel? de voir qu’à cœur
saoul il peut maintenant estancher dans le
sang d’Auguste ceste ardente soif qui l’a tāt
tourmenté? & ce disloyal Seianus se plain-
dra-il de la fortune qui a mis en sa puissance
ces trois testes qui luy bouchoient le passage
à la tyrannie.

Les Dieux ont choisi la mienne pour seule
porter toutes les miseres de ma maison , &
l’expiation de toutes les autres. Ie ne leur demande qu’vne grace, la mort , est-il possible
qu’ils la refusent aux miserables? & qui a-il
de plus miserable en la vie que de vouloir
mourir, ny en la mort que d’estre priué de sepulture?

Les plaintes qui ne sont diffenduës aux
miserables, & qui donnent quelque allegement à la misere, ne me sont permises & encores ne sçay-ie si quelqu’vn est aux escou-
tes pour rapporter tout ce que ie dis. Et ie le
veux, c’est marque de peur & de foiblesse de

n'oser dire son oppression.

Ie me plaindray au Ciel & à la terre des inhumanitez de Tibere exercees sur les morts & sur les viuans. Il fit mourir mes oncles qui reculoient ses esperances. Auguste mő grand Pere ne la fit pas longue apres qu'il eut descouuert son intention à Fuluius de r'appeller Agrippa. Ce pauure Agrippa fut la premiere victime assommee à l'entree de son Empire. Iulia ma mere qui pour son dernier malheur & son troisiesme mary, auoit espousé ce cruel, suiuit incontinent son fils. Germanicus a esté empoisonné, sa vefue est releguee, Neron banny, Druse prisonnier, Caligule en leur puissance, que veulent-ils plus?

I'estois mariee, il m'a rauy mon mary, i'en pouuois trouuer vn autre dans les premieres familles de Rome, il l'a empesché, i'estois mere, il m'a osté mes enfans; i'estois libre, il me traicte en esclaue, il ne me reste que l'honeur, & il s'efforce par des calomnies impudentes de le flestrir. Sa mesdisance n'ayant point de prise sur moy, il a inuenté vne imposture qui sent la puanteur du lieu d'où elle sort, il dit qu'Asinius Gallus à de l'amour pour moy. Ie luy sçay bon gré de m'estimer digne d'estre aymee d'vn homme qu'Auguste tenoit digne de l'Empire, mais il a esté mon beau frere, & ie n'ay pas si peu respecté ma sœur Vipsania que de luy desrober le cœur de son mary.

Mes actions passees respondront des presentes, & ie n'ay iamais creu que c'estoit que d'aymer que les amis de mon mary, & ce qui pouuoit estre à moy, ie n'ay porté ny mes yeux ny mes pensees sur l'autruy. Si i'ay eu quelque beauté ie ne l'ay pas creu ny souffert qu'on m'en ait parlé, & n'en ay fait estat que par bien seance.

Ils ont raison de dire que i'ay esté trop superbe, il est vray; mes desdains ont seruy à mes desseins, car les beautez desdaigneuses n'attrapent point de cœurs. Il faut que i'aduoüe que la passion d'amour a cedé en mon ame à celle de l'ambition, & que i'ay pris plus de plaisir aux occupations qui n'appartiennent qu'aux ames viriles, qu'aux vanitez qui ne plaisent; qu'aux effeminees, & il y a long temps que i'ay quitté toutes les imperfections de mon sexe pour prendre les pensees masles & genereuses.

Mais ces impostures ne sont que les fumees de ce bruslant desir de Seianus pour arriuer à l'Empire: car voyant que Rome m'ayme, & que ceste bien-veillance n'est soustenuë que de l'opinion qu'elle a de quelque meri-

minatio-
nibus ex-
arsit, im-
pudicitiã
arguens
& Asiniũ
Gallum
adulte-
rum.
TAC.

* Il ne
faut point
que la fẽ-
me face
d'amis
particu-
liers, mais
biẽ qu'el-
le estime
communs
ceux dẽ
son mary.
PLVT.
Agrippi-
na æqui
impatiẽs
dominã-
di auida
virilibus
curis fe-
minarum
vitia ex-
uerat.
TAC.

te, il m'a descriee pour vne femme perduë: mais comme il me surmonte à mal dire, ie l'ay tousiours surpassé à bien faire.

Qu'il se contente de m'auoir mis en estat que ie ne luy sçauois faire plus de peur, & ie me console de ce qu'il m'a reduit à tel poinct qu'il ne me sçauroit pis faire, car ie tiendray à vn grand bien le plus grand mal qu'il me peut faire, qu'il ne craigne plus que ie m'oppose à son ambition, il doit plus craindre la fortune que moy. ie ne pense pas qu'elle soit plus fauorable à vn meschant dessein qu'elle a esté inique en la protection d'vne iuste & legitime cause.

Son ambition n'a point de limite, la sacieté luy a donné de l'appetit il disoit au commencement qu'il se contentoit de la charge de Colonnel des Gardes, il ne vouloit que cela, & maintenant que pour sa vieillesse il ne deuroit plus presenter sa main qu'au Medecin, il la veut charger du baston du Tribun pour estre au plus proche degré du souuerain commandement. A-il demandé à son courage s'il en est capable, il ne vit iamais bataille qu'en peinture? il n'a iamais tiré son espee que pour en faire monstre.

Apres tout cela il veut que ie viue, afin que la mort me serue de supplice, & ne me permet-

permettant que ie face voir qu'vne femme sçait vaincre la peur de la mort que les victorieux mesmes rédoutent. Et puis que tous les passages pour aller à la mort ou pour la faire venir à moy me sont fermez, il faut que ie la trouue en mon affliction & que mõ courage y cede, ie ne veux qu'il resiste à ses violences, les consolations la redoubleront, ie les refuseray de quel costé qu'elles viennent, celles de mes amis seront loüables pour eux & inutiles pour moy.

Si l'abstinence, l'affliction, la solitude, la douleur ne me peuuent tirer de ceste misere, & s'il faut que ie viue en mourant, & que ie meure en viuant, i'attēdray par où les Dieux veulent que ie finisse la vie, & quoy qu'aduienne, commé i'ay vescu en Agripine ie mourray en Agripine.

Vici, quæ viceram quæris: Metum mortis qui victores gentium vicit. SEN.

Officium pium sed inutile. OVID.

Expectandus exitus quem natura decreuit. SEN.

La douleur de ses blesseures s'enflammant tous les iours, elle y portoit tousiours la main, & en renouuelloit sans cesse les plaintes qu'vne douleur excessiue ne pouuoit moderer. Ses paroles estoient rapportees à Tibere, qui estoit bien aise qu'el-

le luy donna touſiours dequoy
empirer le mauuais traitement
qu'on luy faiſoit, car il euſt eſté
marry que ſa patiéce l'euſt obligé à quelque courtoiſie. Il commanda au Capitaine qui l'auoit
en garde de ne paſſer ces mauuais diſcours ſans repartie. Ce
cruel qui ſçauoit bien que pour
plaire à Tibere, il falloit outra-
ger Agripine, l'entendant continuer ſes plaintes & ſes iniures
la battit ſi inhumainement &
brutalement qu'il luy fit ſauter
vn œil de la teſte.

Apres ce cruel outrage elle ne
voulut plus viure & reſoluë de
ne plus attendre la mort , &
de luy aller au deuant, elle demeura quelque iour ſans manger, mais les ſoldats en luy ou-
urant la bouche par force la cõ-
traignerent d'aualer la nourri-
ture. Elle fuſt en cela plus miſe-

* Qui
eſt au
pouuoir
d'autruy
empire ſa
conditiõ
par ſon
impatiẽ-
ce & la
liberté de
ſes plain-
tes.
Conſti-
tiani
oculum
per cen-
turionem
verberi-
bus ex-
cuſſit.
SVET.

Mori in-
edia de-
ſtinanti,
per vim
ore didu-
ſto in-
fulciri
cibum
iuſſit.
SVET.

rable que les autres qui meurét quand il leur plaiſt, & n'y a que le vouloir qui l'empeſche, mais elle veũt mourir, & on veũt quelle viue. La mort eſt la ſeule recepte à ſes maux, & on la contraint de n'en vſer point. Ceux là ne ſont moins cruels qui tuét ceux qui veulét viure, que ceux qui forcent de viure ceux qui veulent mourir.

Seianus n'en eſt pas pourtant où il penſe, tout ce qu'il a fait pour aduancer ſon deſſein le recule, car Tibere qui n'eſt plus en deffiance de Germanicus, ny en ialouſie de Druſus, & s'eſt vengé de l'orgueil d'Agripine & de ſes enfans, iuge que rien ne luy peut plus donner de l'inquietude que l'arrogance & la puiſſance demeſuree de Seianus: C'eſt pourquoy il adiouſte les nouueaux ſoupçós à la vieil-

Ad moriendum nihil aliud in mora quã velle SEN.

Non magis crudeles ſunt qui volentem viuere occidunt, quàm qui mori volentes non ſinunt. SEN. P.

le peur, & se met en teste qu'il a songé à l'Empire.

Aussi la Fortune commença à se lasser de le suiure, car il alloit trop viste, elle abandonna son insolence & sa mauuaise conduite, comme si elle ne l'eust esleué que pour le faire tomber de si haut, qu'il n'y auroit personne qui osast luy tendre les bras, ny luy presenter le sein pour le receuoir. Tibere qui l'aimoit commence de le craindre, & voyant que le Senat en faisoit plus de conte que de luy, entra en quelque apprehension qu'il le vouloit faire Empereur : & deslors proposa de se tirer ceste espine du cœur, mais il ne fit rien precipitamment ; car il estoit dangereux, non seulement d'entreprendre de le ruiner, mais d'en faire semblant. Il y alla bien lentement & contre

l’aduis des sages, qui veulent
que les choses grandes soient
pluftoft faites que confultees.

Ce retardement venoit, & de
prudence & d’affection, car il fe
faſchoit de perdre vn homme
qui auoit commencé à le feruir
auant qu’il commença à regner.

l’eftime toutesfois que s’il n’y
euft eu que cela, il l’euft diffimu-
lé, & ne fe fuft iamais deffait de
luy ; car il eftoit propre à fes humeurs, les cognoiffoit parfai-
ctement, confpirant à fes voluptez, complaifant à fes opiniós
le tiroit dextrement d’vn mauuais paffage, & le defueloppoit
de fes perplexitez. Il auoit abatu toutes les principalles teftes
qui luy donnoient ou de la peur
ou de la ialoufie, fe repofant fur
les veilles d’vn feruiteur fi fidel-
le & efprouué, ne fe mefloit que
des grandes occurrences, viuoit

*Le bon
Courti-
ſan doit
cognoi-
ſtre la
comple-
xion de
ſon Prin-
ce.
Voy ſur
cela vn
excellent
traité de
la Cour
de M. du
REFVGE
Conſeil.
d’Eſtat.

en repos en fon Ifle.

Et encores qu'il foit difficile
de fonder les cœurs du Prince,
& les caufes des foudaines prof-
peritez, fi eft-il vray qu'il n'y a
plus court chemin pour meriter
fa bien-vueillance que de le feruir aux chofes qui luy font ou
agreables ou vtiles, conduire fes
plaifirs, & manier fa bourfe.
Tout ce qui eft honnefte & vtile doit plaire:
mais la paffion du plaifir empor-
te la confideration & de l'honneur & du profit. Seianus auoit
tout ce qui peut feruir pour en-
tretenir le Prince aux plaifirs,
& bannir la Neceffité de fes affaires ; & tel pouuoir fur fon
cœur qu'il luy donnoit le mouuement qu'il vouloit pour aymer, pour craindre ou pour
hayr.

Il luy auoit fait de grands feruices, & encores que cefte cõ-

fideration ne soit pas tousiours
plausible en l'esprit desPrinces:
car il y en a que plus ils sōt obligez moins ils aiment , Tibere
vouloit que les grands cognus-
sent ce qu'ils pourroiēt esperer
en le bien seruant. Mais il n'y a
point d'apparēce que s'il n'eust
eu de grandes parties, & en l'esprit & au courage , il eust duré
si long temps aupres de Tibere,
Prince difficile, seuere, sçauant
& deffiant. L'histoire nous en
propose deux diuers pourtraits:
l'vn du pinceau de Tacite qui
nous le represente comme vn
scelerat ; l'autre de la main de
VelleiusPaterculus qui le flatte
& luy dóne tous les traicts d'vn
parfait Courtisan. Il dit que
la vigueur du corps respondoit à la force de
l'esprit, qu'il trauailloit sans peine, faisoit
tout comme s'il n'eust rien fait, & en la plus
grāde actiō sēbloit estre à repos, ne se mōstrāt

ny empeſché ny empreſſé : Qu'il ne couroit pas apres les occaſions, ne s'en donnoit l'hō- neur, venoit à bout de tout, ſe mettoit touſ- iours au deſſous de l'eſtime que l'on faiſoit de luy. Qu'on ne remarquoit iamais ny trou- ble ny eſmotion en ſon viſage, l'eſprit touſ- iours eſueillé, & ne dormoit point.

Qvoy que ce ſoit, Seianus à tout prendre eſtoit habile hom- me, & ayant duré quaſi autant que Tibere, il faut croire que ſi la fortune ne ſe fuſt reuoltee cō- tre ſes conseils, il l'eut cōtraint de ſe ſouſmettre à ſa prudence.

Seulemēt ie m'eſtōne qu'ayāt fait tant d'amis il euſt faute d'a- mis : qu'entre tant de teſtes at- tachées à la ſienne , & qui ne pouuoient demeurer fermes ſi elle eſtoit abatuë , il n'y en euſt point qui luy parlaſt franche- ment & veritablement de pre- uoir ſa ruine. C'eſt le commun malheur des grands : il faut que tous les diſcours qu'on leur tiēt

foient de grace & de douceur:
ils croyēt que la verité leur doit
tout ce que la cōplaifance leur
preſte. S'il y auoit des Iuges or-
dōnez pour la flatterie ils n'auroient point d'exercice, car perſonne ne ſe plaint qu'ō le flatte.

Seianus eut ce malheur de n'a-
uoir perſonne qui luy dit ſince-
rement & franchement, *Mode-
rez voſtre eſprit, ne deſpitez voſtre fortune,
n'abuſez de voſtre faueur, ne vous iouez
auec voſtre maiſtre, ce temps ne durera pas
touſiours, la patience offenſee deuient fureur.*
Et quand on luy eut dit, il ne
l'euſt pas creu; l'orgueil l'eſ-
blouyſſoit, il ſe vantoit d'auoir
l'eau & le feu en ſes mains, &
qu'il en vſeroit cōme il voudroit

Tibere doncques s'eſtant ap-
perceu, quoy qu'aſſez tard, que
Seianus baſtiſſoit ſes eſperāces
ſur ſon tombeau, & qu'il auoit
non ſeulemēt ſongé, mais pen-

Athenee appelle cela Eou- glottein, Acclyle choriglo- tein.

** Dion dit que ſi quelque Dieu fuſt deſ- cendu, & euſt aſ- feuré la ruine de Seianus, on ne l'euſt pas creu, car en ce meſ- me temps là cha- cun iu- roit par ſa fortu- ne.*

*Non
seulement
attenter,
mais sé-
ser, mais
songer
contre
l'Estat
est crime.
Summũ
ad gradũ
claritatis
cùm ve-
neris,
ægrè cô-
sisties.
LABER.*

sé, mais attenté à l'Empire, se
resout d'esteindre le feu de cet-
te ambitió dans le sang de l'ambitieux. Le premier soupçon
qu'il eust fut pour son mariage
auec Liuia vefue de Drusus : le
II. sur ce que la maison de Germanicus estant abatuë, il n'y
auoit plus de retenuë à son insolence, qui estoit môtee si haut
qu'elle ne se pouuoit plus tenir
sur ses pieds : le III. sur l'excez
de son pouuoir aux affaires du
senat, des finances, & des Commandemens : le IIII. sur ceste
grande suite de seruiteurs, dont
la complaisance empiroit sa cô-
plexion : le V. sur ce qu'il tenoit
Drusus prisonnier, & C. Cesar
à sa disposition, pour au besoin
les produire & continuer sous
leur nom le gouuernement souuerain : le VI. sur les artifices
pour l'esloigner du seiour de la

*Impro-
ba blan-
ditia non
quæ ami-
ciorem
sed quæ
deterio-
rem facit
assen-
tando.
CIC.*

ville, & le tenir comme captif, sous pretexte de son absence & de sa vieillesse: le VII. sur la grande & violente pourfuite qu'il faisoit pour auoir la puissance de Tribun, si grande que les Empereurs l'auoient vnie à leur personne: la VIII. que Seianus disoit des paroles qu'il aimoit mieux taire qu'exprimer: Et quand de tout cela il n'y euft eu qu'vn seul soupçon d'aspirer à l'Eftat, il ne falloit eftre en peine de cercher vn plus grand crime.

Mais Tibere est blafmé de deux actes de foibleffe de cœur: Le premier, d'auoir fouffert l'accroiffement de cefte grande puiffance, qui ne se peut acque-rir auec trop de peine, ni abat-tre auec trop de feuerité. L'ar-bre qui n'eftoit qu'vn petit fciõ au commencement, porta la teste & les branches si haut, qu'il luy donna vn ombrage tres-dangereux. Ce qu'il pouuoit ti-rer d'vne main quand il ne fai-soit que poindre, ietta de si pro-fondes racines qu'il luy fust apres fort mal aisé de l'arracher des deux. Le Prince qui n'em-pesche l'accroissement de l'am-bition, quand elle ne fait que naistre, ne tire autre profit de sa tolerance que le repentir & le dômage. L'Estat ne peut souf-frir deux Roys, non plus que le monde deux soleils, ny le tem-ple deux Deitez. L'autorité sou-ueraine est vne forte chaussee qui ne se destruit pas si tost par l'impetuosité du flot ou du poids de l'eau qu'elle soustient, comme par vne legere fente & ouuerture qui donne entree au torrent qui l'emporte.

Le second, est pourauoir ap-

porté tant de ceremonie à vne si
pressante occasion, tant de fi-
nesse en vn si grand pouuoir,
tant de tremblement en vne si
grande asseurance? Pour l'esloigner de luy, il le fit son Collegue
au Consulat, & personne n'y a-
uoit esté associé sans malheur.

Quand Tibere escrit au Senat, il ne remplit ses lettres que
des merites de Seianus & des
seruices qu'il a rendus à l'Empire : On y rencontre souuent ces
mots, *Seianus mon amy , mon Seia-*
nus, ie dis mon Seianus. Il semble
qu'il n'ait limité la gloire de
l'Empire qu'à la duree de sa vie.
Ses statuës paroissent par tout,
chacun luy en donne comme à
son Dieu tutelaire. Qui refusera
de rendre de l'honneur à qui
l'Empereur en donne si libera-
lement?

Ce Consulat pour cinq ans

** Quin-*
tilius
Varus,
Cn. Piso,
Germa-
nicus &
Drusus
qui a-
uoient
esté Con-
suls auec
Tibere,
moururēt
de mort
violente.
Dio.

l'estourdit ; & comme l'excellence du vin presse de boire outre la soif, ceste douceur des prosperitez l'enyure & le porte à plus qu'il ne veut. Qui est embarqué sur ceste mer, où il y a tant de perils, ne se doit iamais fier au calme, ains porter tousiours ses yeux deuers le Ciel pour conduire à bon port ses esperances.

La vie solitaire & voluptueuse de Tibere estoit l'eschelle de son ambition : car comme vn autre Sardanaple, il ne se vantoit que de ses excez. Seianus l'entretenoit en ceste honteuse oisiueté, l'ayant accoustumé malicieusement à preferer les choses agreables aux serieuses. Qui neglige de faire le maistre, trouue des seruiteurs assez hardis pour luy commander ; & qui ne fait le Prince qu'au cabinet,

court fortune d'auoir vn compagnon en campagne.

L'impudence accompagnant
son orgueil , tira de sa bouche
ces paroles qui ne deuoient iamais sortir de ses pensees : *Ie suis
Empereur de Rome , & Tibere est
Prince de l'Isle.* Il fit representer
des ieux par des hommes chau-
ues, qui furent reconduits à l'issuë du Theatre par cinq mille
garçons tondus, pour se mocquer de la teste pelee de Tibere.
Ce nôbre ne sera trouué estrange de ceux qui sçauent que les
Romains en auoient des trou-
peaux, des legions,& que tel en
a fait marcher deuant luy plus
de vingt mille ; mais bien qu'il
les fit raser, car on prenoit lors
vn grand soin à friser & tresser
leurs cheueux.

Tibere fut incontinent aduerty de ceste bouffonnerie , & fit

semblant de l'ignorer, encores qu'il la ressentist viuemēt, mais il vouloit que l'ignorance dissimulee excusast le retardement de la vengeance asseuree. Aussi n'y a-il rien qui touche plus le cœur d'vn Prince que de se voir braué par vn homme qu'il a tiré du mespris & de la misere d'vne basse condition. Il n'est pas moins fascheux d'estre reduit à la moquerie de ses seruiteurs qu'à la discretion de ses ennemis.

Sur la nouuelle que les Frisons, peuple delà le Rhin, auoiēt rompu la paix, & desfait les armees en bataille, l'espouuente fust si grande à Rome, que chacun courut aux autels de la Clemence & de l'Amitié, adorans les statuës de Tibere, & de Seianus qui estoient autour, les prians de les ramener à Rome.

Tibere & Seianus vouloiẽt que
lesRomains par leur abſence iu-
geaſſent des commoditez que
le ſeiour de la Cour leur appor-
tòit : Auſſi n'eſt-il pas bon que
le Prince demeure touſiours en
vn lieu ; ſi le Soleil ne bougeoit
de l'vne de ſes douze maiſons,
tout iroit mal. Tibere toutefois
s'en approcha, & parce qu'il venoit quelquesfois iuſques aux
fauxbourgs ſans entrer dans la
ville , pluſieurs creurent que
les limites de l'Aſtrologie & du
Menſonge n'eſtoient pas plan-
tez ſi pres que l'on diſoit ; car les
Aſtrologues auoient dict que
Tibere eſtoit ſorty de Rome
ſous vne telle cõſtellation qu'il
n'y reuiendroit iamais : & il y a
grande apparence, que ſi ceſte
crainte ne ſe fuſt ſaiſie de ſon
imagination , il n'euſt pas demeuré vnze ans hors de Rome,

efflagita-
bant, ri-
ſendi ſui
copiam
facerent.
TAC.

Breui
confi-
nium ar-
tis &
falſi.
TAC.

Ces predictions animerent les
complices de Seianus, le folli-
citant de ne temporiser d'auantage, puis que les astres conspi-
roient à son dessein. D'autre costé Tibere ne vouloit estre surpris: & comme la crainte du mal
qu'il apprehendoit le pressoit,
aussi le peril du remede le retenoit : mais s'imaginant qu'il seroit preuenu si Seianus en auoit
le vent, il n'osoit cósulter qu'a-
uec soy-mesme la resolution
qu'il vouloit prendre.

Seianus ne se desfioit encores
de rien, la prosperité luy silloit
les yeux, il croyoit que Tibere
ne pensoit qu'à passer son temps
à Caprees, il y auoit cinq ans
qu'il y estoit, on ne parloit plus
à Rome de luy que comme d'vn
Prince qui ne regnoit, & ne viuoit que par prieres, ne voyoit
& n'oyoit qu'à trauers Seianus,

qui seul estoit ses yeux & ses o-
reilles, n'auoit autre pêsee qu'au
plaisir & au repos. C'est pourquoy Seianus portoit & poussoit
ses desseins plus violemment au
regne. Quel aueuglement? il n'a
pas vie pour vn mois, & il fait
des desseins pour vn siecle?

Il estoit bien mal-aisé qu'il
n'eut quelque soupçon du dessein de l'Empereur. Tous les aduis qui alloient à Caprees ou ve-
noient à Rome, passoient par
ses mains, & il escoutoit tout,
aussi faut-il que ceux qui sont
dans les grandes affaires ne mes-
prisent rien, & bien qu'on leur
conte souuent des fables tousiours quelque verité eschappe,
ils font leur profit de tout, & si
sont bien payez quand de cent
aduis qu'on leur donne il y en a
vn de vray.

Il tenoit les esprits à sa discretion , ou par la crainte ou par l'esperāce, ou par les bien-faits. Ceux qui seruoient Tibere dependoient de Seianus, & ceux qui seruoient Seianus ne iuroiét par autre nom que par celuy de leur maistre. Tibere ne faisoit rien qui ne fut rapporté à Seianus, & il n'estoit en aucune façon aduerty de ce que cestuy-cy faisoit côtre son seruice. Il auoit des hommes à tout faire, Seneque les appelle ses dogues, qui n'estoient appriuoisez que pour luy & abayoient tous les autres, car il ne les nourrissoit que du sang de ses ennemis. Ne le pouuant prendre de front il l'attaque par les flancs, il l'embrasse pour l'estouffer, il fait courre le bruit qu'il le veut faire Tribun, il escrit au Senat que sans luy ce grand corps de l'Empire tomberoit en pieces, partoutes ses lettres il mande que Seianus eſt l'oràcle de ſes deſſeins, le compagnon de ſes penſees.

Le Senat qui ne prend garde que Tibere diſſimule recerche toutes ſortes d'honneurs pour eſleuer Seianus, ordonne que leurs noms ſeront en meſme ligne aux Patentes & inſcriptiõs, leurs chaires en meſme rãg aux Theatres, & aux Temples leurs ſtatuës eſleuees par tout , & que venans à Rome on leur ira au deuant.

Tibere n'eſt pas marry que le Senat maintienne l'orgueil de Seianus afin que la vanité le rendant plus inſolent , ſes deportemens ſoient plus odieux. Cependant pour faire connoiſtre à Tibere que ſes deſſeins ne vont au delà de ſa vie , il fait accuſer Germinius d'auoir attenté à la perſonne de Ceſar,

cestuy-cy pour toute iustifica-
tion porte au Senat son testa-
ment, où il instituoit le Prince
son heritier, preuue d'affection,
& qu'il ne desiroit pas le suruiu-
ure. Mais cela ne le pouuant
sauuer, comme il vid venir le
Questeur pour le faire mourir,
il se donna d'vn cousteau dans
le ventre & luy dit, *Allez dire
au Senat que ie meurs comme doit mourir vn
homme.* Publia Prisca sa femme
estant au Palais en fit autant.
Ie m'estonne qu'entre tant de
gens qui mouroient si librement il n'y en eust qui entreprit
de tuer ou Tibere ou Seianus,
car qui ne se soucie de viure entreprend facilement de tuer.

La faueur de Tibere si ardente
ne se refroidit pas du premier
coup, elle deuint tiede, puis
tout à fait se glaça. Il frappe
aniourd'huy vn coup pour Seia-

[marginal note:] *Qui veut faire quelqu'vn son heritier pensé de mourir deuant luy.*

[marginal note:] *Nullum magis aduersarium timeas, quàm qui viuere nõ potest occidere potest.* Sen. P.

nus, & demain vn autre contre
luy, il accorde la dignité de Pō-
tife à son fils ; & quoy qu'il euſt
en horreur Caligula, il luy donna le meſme honneur , parce
ſeulement qu'il eſtoit ennemy
de Seianus. Il le gratifie à ceſte
heure, en luy donnant ce qu'il
demande , & tantoſt il reuoque
ce qu'il luy a donné, & tient ſon
eſprit tellement ſuſpendu entre
la crainte & l'eſperance qu'il ne
ſçait où il en eſt , & ne fait rien
qu'à l'eſtourdie. Il commande
au ſenat d'abſoudre vn Proconſul que Seianus auoit accuſé. Tibere louë publiquement Caligula, & fait connoiſtre qu'il le
veut declarer ſon ſucceſſeur, nō
tant par affection comme pour
ſe faire regretter ſon ſucceſſeur,
eſtant & plus cruel & plus meſchant que luy. Eſcriuant au ſenat il ne dit plus que Seianus eſt

son amy, on y trouue son nom
tout nud en ses lettres, n'y ad-
iouſtât plus les tiltres & recom-
mandations qu'il ſouloit. Auſſi
toſt que l'affection du Prince
prend l'air elle s'euapore, & il y
a bien de la peine à la tenir touſiours en ce degré de chaleur.

Le peuple fut fort content de
ce que Tibere cómençoit d'af-
fectionner Caligula, non tant
pour l'amour de luy qui eſtoit
d'vn naturel inhumain & violent, qui ne prenoit plaiſir qu'à
voir le ſang, comme pour l'honneur de la memoire de Germanicus ſon Pere, & le deſir de la
ruine de Seianus, dont ils ap-
prehendoient la tyrannie.

Tibere qui auoit tant cuit &
recuit ce deſſein en ſon cœur, iugea qu'il n'y auoit plus de danger à ſe declarer, & quitter les
conſeils de la diſſimulation,
pour-

pourſuiure ceux de la hardieſſe.
Il enuoya au Senat vn Edit portant deffenſe de faire ſacrifice à
aucun homme viuant, ni d'ordonner aucune ſorte d'honneur
à Seianus ne pouuant conſentir
de voir ſur le ſubiet les hôneurs
qu'il ne tenoit bien ſeants au
Prince.

Ce fuſt lors que ceux qui n'e-
ſtoiēt amis que de ſa fortune ſe
declarerent ennemis de ſes deſſeins. Amis du tempsqui n'eſtās
venus que pour boire s'en re-
tournent quand les bouteilles
ſont vuides. Et comme le ton-
nerre tombe lors que l'air ſem-
ble plus ſerain, Seianus ſe voit
enueloppé de l'orage dans la
plus grande ſerenité de fortune
il euſt pluſieurs augures de ſon
malheur. Le theatre où il receuoit les ſalutations des Calendes ſe rompit, & vn chat paſſa

Tamdiu placebit quamdiu vtilis. SEN.

* L'ancienne ſuperſti-tion prenoit à mauuais augure qu'vn chat traverſast.

à trauers. Reuenant du Capitole, ses satellites fendans la presse
pour le suiure, & gaigner le deuant, tomberent du haut des
eschelles où l'on precipitoit les
criminels. Seianus consulta les
auspices pour sçauoir ce que cela presageoit. Les oyseaux de
bonne rencontre ne parurent
point; il ne vit qu'vne grande
troupe de corbeaux, oyseaux
de malencôtre, rossignols d'enfer, qui voloient & croiiassoient
autour de luy. On vit en l'air vn
globe de feu tel qu'on l'auoit
veu au trespas d'Auguste & de
Germanicus: mais il n'y auoit
personne qui creut en ceste florissante condition qu'il fust si
proche de sa ruine. On ne laissa
pour tout cela de l'appeller le
compagnon de Tibere, non seulement au Consulat, mais en
l'Empire de l'vniuers.

marginal note:

** Tibe-*
rius Gra-
chus al-
lant au
Capitole,
trois cor-
béaux
volerent
autour
luy. & il y fut
tué. Valer.
Vidimus
non se-
mel flã-
mam in-
gentis pi-
læ specie:

Tibere pour recognoiſtre les
volontez & les affections, eſcriuoit ſouuent à Seianus & au ſenat, tãtoſt qu'il ſe portoit bien,
tantoſt qu'il eſtoit à l'extremité
de ſa vie; vne autrefois que ſes
forces eſtoiét reuenuës, & qu'il
eſperoit de les reuoir bien toſt,
& de ſe rendre à Rome. Ces
feintes luy profitoient ; car ſeló
que ces nouuelles apportoient
de la ioye ou de l'affliction, de
l'eſperance ou de la crainte , il
recognoiſſoit ceux qui dependoient de luy ou de Seianus. Il
prie encores le ſenat de luy enuoyer vn des Côſuls auec quelque eſcorte pour le conduire en
ſeureté.

Il croyoit que la coniuration
eſtoit ſi puiſſante contre luy,
qu'il n'y pourroit reſiſter ; &
auoit deſia preparé les vaiſſeaux
pour prendre la fuite, & faiſoit

tenir sur les rochers des sentinelles, qui par des feux se donnoiēt le signal de ce qu'elles descouuroient. Il faut que la coniuration fust bien grande & bien preste, ou Tibere bien timide & esperdu pour descouurir ainsi le trouble de son esprit, car iamais la peur ne doit loger au cœur, ny paroistre sur le front du Prince qui est bien à plaindre quand ceux qui le doiuent craindre l'effrayent.

Mais le fauori commence à se troubler quand on luy rapporte qu'on voyoit fumer la teste d'vne de ses statuës. Il la fit rompre pour en cognoistre la cause : & de là on vit sortir vn grand serpent. Il ne mesprisa pas ce prodige, & fit vn sacrifice à soy mesme, car il auoit accoustumé de s'en donner; & on trouua au col de la mesme statuë vne petite corde.

Tibere iugea que les destinees s'accordoient auec sa vengeance pour le ruiner, & il continuë ses ruses, il fait courre le bruit qu'il le veut esleuer à la premiere charge de l'Empire. Mais au mesme temps il faict partir Neuius Sertorius Macro, auec commandement de presenter ses lettres au Senat, de se saisir de Seianus, & de mettre Drusus prisonnier en liberté, afin qu'il ralliast tous ses amis contre le commun ennemi, s'il y auoit de l'opposition.

L'estat de Coronel des Gardes que Tibere auoit donné à Macro, anima ceste execution. Les Princes qui veulent estre bien seruis doiuét tousiours faire voir la qualité du seruice par celle de la recompense. Il vint à Rome secrettement, commu-

Dion dit que Tibere pour surprendre & attraper Seianus, fit dire au Senat qu'il luy vouloit donner la puissance de Tribun. Nihil non aggressuri sunt homines, si magna conatis magna præmia proponantur. Liv.

niqua la cause de son arriuee au Consul Memmius Regulus, & non à son Collegue, car il estoit creature de Seianus, & à Gracinus Laco cheualier du Guet. Il les trouua tous disposez à sacrifier ce meschant à la haine publique.

Le Consul auoit connoqué le senat pour le lendemain au Téple d'Apollo, & fait attacher cet escriteau à l'vne des colomnes du Portique,

A LA BONNE HEVRE, MEMMIVS REGVLVS TIENDRA DEMAIN A LA POINTE DV IOVR LE SENAT AV TEMPLE D'APOLLON, QVE LES P. C. S'Y TROVVENT, ON Y DOIT TRAITER DES AFFAIRES IMPORTANTES. L'AMENDE AVX ABSENS POINT D'EXCVSE.

Pour donner aux autres l'exemple, il s'y trouua des pre-

miers, il y entre auec les marques de sa dignité, la robbe de
Pourpre, douze Licteurs mar-
chant deuant luy & destrapant
le passage. Entrant il sacrifie le
vin & le miel, prend sa place en
la chaire d'yuoire, les autres senateurs font de mesmes & se
rangent en leurs sieges.

Macro rencontré Seianus qui
n'estoit pas encores entré, & le
voyát vn peu surpris de ce qu'il
ne luy auoit apporté des lettres
de Tibere, luy dit à l'oreille: *Il
y a quelque chose de meilleur, ie vous
apporte le pouuoir de tribun.* Cela le
remit: ses amis le sceurent aus-
sitost, & s'en esiouyrent, se re-
presentant que desormais tout
ce que la Fortune voudroit dó-
ner aux Romains, passeroit par
les mains ou seroit pronócé par
la bouche de leur maistre.

Macro presente ses lettres &

*Hoc illis
Curia
templum.
VIRG.
Qualem
quisque
sortem,
statumq;
habeat,
in mea
manus po-
situm est:
quid cui-
que mor-
talium
fortuna
datum
relit,
meo ore
pronun-
ciat.
SEN.*

ſe retire, fait aſſembler les gens
de guerre, ſous couleur qu'il
leur veut faire entendre les cō-
mandemens de l'Empereur : &
par ce moyen il laiſſa pour la
garde du temple les ſoldats du
guet ; & les autres qui auoient
ſuiui Seianus ſe rendirent au
camp, & à l'enſeigne. Eſtans là
il les aſſeure de la bonne volonté de l'Empereur pour recognoiſtre leurs ſeruices , & les
gratifier d'vn preſent. Il n'y en a
point qui ne leue l'oreille à ceſte parole, & ne promett d'eſtre
à tout. Il en choiſit bon nombre
pour la garde des aduenuës , &
du temple d'Apollon : cela fait
preſente ſes lettres au ſenat, dit
ſa creance, ſe retire, y laiſſe Laco, & va donner ordre aux autres endroits de la ville.

Les lettres ſont leuës, & portent le pourtraict d'vn eſprit af-

fligé & tremblant , qui n'ofe dire qu'à demy mot ce qu'il a fur
le cœur contre l'ingratitude &
la perfidie de fon feruiteur. Elles eftoient coupees de diuerfes
affaires comme fans ordre ; le
commencement fur les indiffe-
rentes, la fuite fur d'autres plus
importantes. Cela eftoit fuiuy
de quelques plaintes du pouuoir demefuré de Seianus : Puis
il reuenoit à d'autres occurrences , prioit le fenat de faire le
procez à deux fenateurs fami-
liers de Seianus , & à la fin commandoit, mais comme entre fes
dents , qu'on veillaft fur les a-
ctions de Seianus. Il n'y auoit vn
feul mot de le faire mourir ; tant
il craignoit que ce grand credit
qu'il auoit par tout ne s'y op-
pofaft : & au cas que les chofes
ne fuccedaffent felon fon defir,
il vouloit toufiours auoir la li-

Marginal notes:

* L'au-
torité du
Prince ne
peut def-
cendre
plus bas
que quãd
il n'vfe
parler
clairemẽt
à fes fub-
iects de ce
qui l'of-
fence.

* Cefte
fin Tra-
gique de
Seianus
eft bien
reprefen-
tee dans
le Tibere
François
de M. le
Maiftre
premier
Medecin
de MON
SIEVR.

berté de s'expliquer.

Mais comme la peur croit tout ce qu'elle s'imagine, les amis de Seianus ne trouuans en ceste lettre ce qu'ils attendoiét, s'esloignent de luy comme d'vn lieu menacé du foudre. Quand la faueur du Prince abandonne quelqu'vn, il est dangereux de s'en approcher; la desfaueur est contagieuse.

Dion remarque icy cóme les espiits sont variables, & dit qu'auant qu'on eust leu les lettres de l'Empereur, il n'y eust senateur qui ne fit la reuerence à Seianus, & ne luy demanda à quoy il levouloit employer pour son seruice. Mais que recognoissant l'esprit de Tibere changé ils changerent en vn instant. Ceux qui estoient esloignez de luy, le regarderent dé trauers, ceux qui estoiét auprés de luy, s'en esloi-

..quisq;
pauendo
Dat ri-
res famæ
nihiloque
autore
malorum
Quæ
fluxere
timent.
LVCAN.

*Cicero
reproche
le mesme
à Cati-
lina.
Aduen-
tu tuo
ista sub-
sellia
vacua
facta
sunt.
CIC.

gnerent, ceux qui tenoient à
honneur de le suiure se tenoiét
deshonorez d'estre assis aupres
de luy. Et où sont les hommes
qui en l'aduersité se souuiennét
des bien-faits ? ou qui croyent
d'estre obligez aux miserables,
il ne faut cercher à la Cour les
grandes amitiez, aussi n'y a-il
point d'inimitiez petites, &
c'est pour cela que les Sages ne
rompent auec personne. La mal
veillance & la haine sont de tri-
stes plantes, les fruicts qu'elles
portent sont tousiours aigres, il
n'y a ni douceur, ni profit, si ce
n'est celuy de l'amendement
des mœurs afin que l'ennemy
n'ait prise sur la vie ou la fortune
de celuy duquel il desire ou la
cheute ou la ruine.

Seianus ne deuoit point entrer au senat, quand il vit que
Macro ne luy apportoit point

Où se retiroit d'vn criminel de leze Maiesté. Quis in aduersis beneficiarum seruat memoriam? aut quis aliam calamitosis deberi putat gratiam? quando fortuna non murat fidé. VELL.

Vsquequaque sapere oportet id erit telum acerrimum. CIC.

de lettres. La preuoyance qui
porte l'œil de tous coftez, & qui
eft vn fort bouclier contre la
fortune luy faillit. Il en deuoit
encore fortir, quand il entendit
les ombrages que Tibere mettoit en cefte lettre, & euft efté
fuiui de ceux de fa faction , les
autres euffent iugé fon pouuoir
par fon courage. Mais n'y voyãt
rien d'affez expres contre luy, il
creut que c'eftoit des vapeurs
de fon chagrin & de fes inégali-
tez, & qu'il n'y auoit perfonne
en la compagnie affez hardy
pour l'offencer.

Le Conful Regulus l'appelle,
il ne fe leue point, non par arrogance, car il eftoit fort humilié,
mais parce qu'il n'auoit accou-
ftumé d'obeïr n'y d'eftre commandé. Il l'appelle pour la premiere & fecõde fois, & luy pre-
fentant la main luy dit, *Seianus*

venez icy, & Seianus repart, m'appellez vous, Ouy dit le Consul, Seianus s'auance, & à l'instant Laco
Capitaine des Veilles se trouue
deuant luy, & tous les Tribuns
autour afin qu'il ne sorte.

Le iour de ce memorable
coùp fust le xviii. d'Octobre,
on le sçait parce que Tibere or- *Decretũ*
donna que le xv. des Calendes *vt xv.*
de Nou. seroit solemnel à Ro- *Cal. vtri-*
usque ne-
me & pour la mort de Seianus, *cis die per*
& pour celle d'Agripine. Si l'on *omnesan-*
nos, donũ
veut encores remarquer l'an- *Iovi sa-*
nee, c'estoit l'an de la fondatiõ *craretur.*
de Rome. vii. c. lxxxv. de *TAC.*
l'Empire de Tibere xviii. & de
la naissance de Iesus Christ.
xxxiv. Il n'y auoit point de peril d'aller viste à son iugement,
ny de commencer le procez par
l'execution: La loy des dix iours *s.c. actũ*
vt pæna
n'estoit pas encores faicte : tou- *damnato-*
te sa vie estoit vne course d'inso- *rũ in de-*

lence, d'orgueil, de violence, de
fureur.

Dion dit qu'en vn iour il fut
arresté, condamné & executé,
& par la brefueté du temps, il
faut iuger de la facilité des pro-
cedures qui estoient arbitraires,
on y apportoit tel retardement,
ou telle promptitude que l'on
vouloit. En deux iours on fit le
procez de Lentulus, complice
de Catilina, celuy de Cluentius
dura long temps : Seianus fust
expedié en vne matinee. La
iournee des choses serieuses, fi-

nissant à midy, ce qui se faisoit
apres disné, estoit comme hors
d'œuure, & pour les choses plus
agreables & faciles qu'importã-
tes & penibles, & la trompette
qui seruoit d'horloge aux Romains ayant sonné l'heure de
dix, on n'entamoit point vne
nouuelle relation.

Memmius ne mit point les lettres de l'Empereur en delibera-
tion, & cela trompa Seianus qui
se fioit a ses amis, & s'il l'eust fait
la diuersité des opinions eust
gasté l'affaire : car la longueur
des discours eust perdu le temps
qu'il falloit gaigner afin que la
faction de Seianus ne se remua.
Mais pour euiter le blasme de
faire tout de sa teste il commanda à vn Senateur qu'il connois-
soit bon Citoyen, & bien affe-
ctionné à Tibere, d'en dire son * Le Cõ-
aduis. Dion ne la point nom- seil demã-
mé. Cestuy-cy dit. L'affaire qui dant l'ad-
se presente P.C. est de si grande uis au Se-
consequence que selon la reso- nateur
lution que vous y prendrez, la disoit ce
chose publique est esbranlee ou mot.
affermie, & nous serions trai- Dic.
stres à la Patrie, ingrats enuers * Le Male Prince, iniques à nous mef- gistrat
mes si nous n'y apportiõs toute qui à descouuert
vne cõs-
piration
& se mon-
stre timi-
de a

sincerité & fidelité. Cesar nous represente d'vne main le mal, & de l'autre le remede : le mal, la coniuration de Seianus, le remede la prison de Seianus. Ie ne doute point que le mal ne soit plus grand en sa connoissance qu'il ne le represente en ses lettres, mais ie tiens aussi le remede plus extréme qu'il ne l'a consideré. On ne se peut asseurer de la personne de Seianus en le remettant à vn Magistrat qui s'en voudroit charger ? ny par les Gardes, il leur cõmande: ny en le mettant en vne maison priuee il ny demeureroit pas long temps, ny par ses cautions, quelle seureté en l'Estat où sont les affaires ? nous n'en pouuons respondre qu'en le retenant prisonnier. Mais la prison n'est que pour les Esclaues , il n'y en a point pour le Citoyen Romain,

ny pour le Consul , ny pour le
Senateur, beaucoup moins pour
celuy qui a commandé au Peuple, au senat, & aux Côsuls. Nos
Peres sortiroient de leurs sepul-
tures pour deffendre ce Priuile-
ge, seule marque de nostre ancienne liberté , car ils estimoiët
que lier le Citoyen Rom. estoit
vne grande offence, le battre vn
crime, le tuer vn parricide. La
prison tient lieu de supplice aux
Rom. & de garde aux Barbares.

Il n'y a que ceux qui n'ont
point connu Seianus , ou qui ne
connoissent point Tibere qui
puissent douter qu'il ne soit
necessaire de passer plus outre,
ce seroit grande merueille s'il
estoit innocent , & vn extréme
malheur s'il sortoit de nos
mains. Il en faut faire vn exemple, & afin qu'il n'en priue le public , il s'en faut asseurer , il au-

* Pre-
miere pri-
son con-
struite
par An-
cus Mar-
tius, ou
par Tar-
quinius.
T. Liv.

Facinus
vinciri
ciuem
Romanū
scelus
verberari
parrici-
dium ne
cari.
Cic.

roit assez de courage pour se noyer en la tourmente, sans attendre le naufrage du vaisseau. Nos Peres ont veu comme C. Licinius Macer se voyãt perdu, & les Iuges aux opinions, gaigna le toict d'vne maison & se precipita pour auoir l'honneur de mourir non condamné, mais accusé. Il voulut espargner la peine de l'executer, & se rendre son commis.

Il est icy question du salut public, de la seureté du Prince, de la conseruation de l'Estat, de nos Autels & de nos Loix, i'ay honte de mettre nos interests deuant les commandemens de Cesar. Le plus seur nous doit estre le plus iuste, il faut penser à nos seuretez premier qu'a nos vies & à nos honneurs, il n'y a moyen d'arrester le mal qu'en arrestant Seianus, ny de l'arre ſter qu'en priſon, la perſonne, le *ou vtile.* temps & le crime vous obligent *DION.* de vous aſſeurer de luy, & chaſ- *HAL.* ſer le mal par le mal meſme. Seianus s'eſt eſleué ſur les ruines de l'Eſtat, il faut que l'Eſtat ſe releue ſur les ruines de Seianus. C'eſt vne grãde laſcheté au Senat d'en auoir tant enduré, Ceſar ſait vne grande grace au peuple Romain de le deliurer de ceſte tyrannie, ne perdons la gloire d'auoir ſecondé ſa pieté, il y aura plus d'honneur à ſuiure Seianus en priſon qu'il n'y en a eu à le ſeruir en ſa liberté. S'il eſt innocent les Dieux ne le ſont pas.

Quelque eſtonnement qu'il *Prauidis* y euſt en la compagnie la reſo- *conſilia* lution fut hardie, & ceſt aduis *in incerto* ſuiuy, chacun iugeant raiſon- *ſunt.* nable d'executer, non d'exa- *TAC.* miner la volõté de l'Empereur. On le meine en priſon, & le Cõ-

ful ne voulut fier qu'à foy-mef-
me l'euenement de cefte conduite afin qu'il n'efchappaft ou
qu'il ne fuft enleué. Ainfi les
mefmes Senateurs qui l'auoient
accompagné au Senat il n'y a
qu'vne heure, le conduifent
maintenant en prifon. Ceux qui
luy faifoient des facrifices comme à leurs Dieux, qui mettoient
les genoux en terre pour l'ado-
rer fe moquent de luy le voyant
tiré du Temple à la Geole, des
fuprémes honneurs à l'ignomi-
nie extréme.

Il y en eut qui fe laifferent tellement tranfporter à la fureur
contre luy, que voyans qu'il faifoit defcendre fur les yeux le
pan de fa robbe, dont il fe couuroit la tefte (car les Romains
ne portoient ny les bonnets finon à la guerre ou malades, ny
les chapeaux qu'en voyage) ils

la luy osterent, le despoüillant
par plus grand affront, & luy
donnerent des coups de poing
sur le visage.

Le peuple se moquoit de sa
cheute, detestoit sa vie, luy reprochoit son insolence, crioit
au volleur, & qui l'eust laissé faire il ne sust arriué entier à la prison : car il l'eust trais-
né à l'heure mesme au Sester-
cium, le lieu plus infame qui
fust autour de Rome, & ou l'on
iettoit les corps des esclaues. Et
iugeant biē qu'on ne le menoit
pas en prison pour luy laisser la
vie, se ietta sur les statuës. Elles
furent abatuës, en vn instant
on les vit suiure la corde qui les
traisnoit dans le feu pour les
fondre. Des pieces de ceste teste
qui estoit adorce comme la seconde de tout le monde, & qui
faisoit trébler tout le senat, on fit

*Plutar-
que dit
que la
teste de
Galba
fust iettee
au Se-
stertium.

*D'icy
Dion fait
vne belle
remarque
sur l'in-
constance
humaine.

des petits meubles de cuisine.

Il y eut si peu d'interualle en-tre l'exaltatiō & la cheute, qu'il ne fut pas plustost menacé que frappé. Voyant à l'issuë du Pa-lais ce que l'on faisoit à ses sta-tuës, il s'imagina que l'original seroit mal traité ; & son plus grand trouble fust de ne s'éstre preparé de longue main à ce mal. Faute ordinaire de ceux qui sont esleuez aux grandes di-gnitez, qui ne sont sages qu'a-pres le coup ; & ayāt le moyē de descendre a leur aise, attendent qu'ō leur face sauter les degrez.

Apres que Seianus eust passé le guichet : le Consul pour ne perdre point de temps , ne re-tourna pas au Temple d'Apol-lon, il entra en celuy de Con-corde qui estoit proche de là, pour faire le procez au prison-nier, car on feroit tort à la repu-

tation de la grande iuſtice du
ſenat, ſi l'on croyoit qu'il euſt
rien oublié des formes en vne
affaire de ſi grande importance
où il eſtoit neceſſaire que l'authorité de la Iuſtice couurit les
manquemens qui pouuoient
eſtre en la procedure pour auoir
cõmécé le procez par la priſon.

Les accuſateurs, les teſmoins,
les complices furent ouys en
plain ſenat : car l'inſtruction
eſtoit publique, & le peuple
eſtoit comme en rond tout autour des chaires des Iuges. Il y
auoit en cela plus d'authorité,
car la Maieſté du ſenat eſtoit à la
veuë de tous, rien ne la couuroit
que le Ciel, il y auoit plus de ſin-
cerité, autant d'yeux, autant de
Iuges, plus d'exemple, tout paſſe auec ordre & diſcipline.

Il ne faut douter qu'on ne luy
donna quelque excellent Ora-

*Formes
neceſſai-
res.
Accuſa-
tio crimē
deſiderat
rein vt
definiat,
hominem
vt notet,
argumēto
probet,
teſte con-
firmet.
C I C.
Populus
Romæcir-
cum ſub-
ſellia co-
ronàm
facit.
C I C.
*Antigo-
nus prié
de iuger
vn procés
en priué,
reſpōdit,
Il ſera
mieux au
Palais ſi
nous ne
voulos riē
fairéd'in-
iuſte. PL.

teur, plus pour la ceremonie de la deffence, que pour l'opinion de l'innocence, & qu'on luy recommanda de faire son deuoir, car plus il seroit soustenu puissamment, plus le triomphe de la verité en seroit glorieux. Et là dessus les Iuges prenoient garde à la contenance de l'accusé, & s'esclaircissoient souuent des doutes de l'intention par le trouble du visage ; l'air duquel tient souuent lieu de parole.

D'ailleurs Macro auoit dit le mot au Consul, Tibere vouloit qu'il mourut, il ne falloit attendre autre commandement ny luy enuoyer les aduis du senat. Il estoit necessaire pour l'Estat, & quand il ne fust entré coulpable en la prison, sa qualité ne pouuoit permettre qu'il sortit innocent. Les Iuges ne peuuent faillir quand ils obeissent au com-

Timor perturbatiosuspensus, incertusque vultus crebra coloris mutatio quæ fuerant antea suspiciosa aperta atq; manifesta faciunt. Cic.

★ Quelquefois le Senat, rapportoit au Prince ce qu'il auoit arresté.

commandement du Prince, qui
voit ses affaires d'autre œil &
d'autre air que ses officiers.

Les iuges font le serment de
iuger en conscience. Le Consul
ny le Preteur n'opinoient pas,
mais ils prenoient les opinions.
Le nombre des senateurs estoit
grand, Ciceron en compta soixante & quinze contre Piso. Il
fut diminué sous les Empereurs
& il en falloit quarâte par l'Edit
d'Auguste pour faire vn Arrest.
On opinoit ou en discours, ou
par escrit en vne tablette que
l'on mettoit en la boüette, ou
par le silence & le geste, comme
auiourd'huy par le bonnet, signe de consentement, ou par la
demarche , quand ceux qui e-
stoient d'vn parti, se rengeoient
ensemble contre le contraire,
cela s'appelloit aller du pied. Il
n'y eust icy qu'vne voix. Meure

*Damna-
turi mi-
rant ni-
hil se gra-
tiæ nihil
precibus
dare.*
Sen. P.
*An expe-
ctem dŭ
te septua-
ginta
quinque
tabellæ
diripiăt.*
Cic.

*Quel-
que fois
aux cri-
mes no-
toires on
crioit*
HOSTIS
HOSTIS.

M

Seianus, Meure sa posterité, meure sa me-
moire, & ses biens confisquez.

Les Senateurs estoient si ani-
mez qu'il est certain que ceux
qui cognoissoient l'aduantage
qu'ils auoient sur les autres côme Albutius en parlant le plus
haut ne demeurerent pas muets
pour gagner les bonnes graces
du Prince , mesmes ceux qui
auoient esté plus dependans des
volontez de Seianus, & ne doute point que ce qui se disoit parmy le peuple qui n'auoit rien à
perdre ne se dit parmi les Senateurs qui tenoient pour perdus
ceux qui auoiét esté de ses amis.

Ceux-cy furét les plus aspres,
& disoient que si Cesar auoit de
la Clemence, ce ne deuoit estre
que pour les hommes, non pour
les monstres. Si le Senat n'eust
esté ialoux de conseruer la gloire de sa douceur en la detesta-

tion des supplices horribles, on
l'eut fait passer par celuy des parricides, on luy eust estoupé la
bouche d'herbes, on luy eust mis
des sabots aux pieds , on l'eut
cousu dãs vn sac auec vn chien,
vn cocq, vn singe & vne vipere,
impies animaux compagnons
d'vn hõme impie , puis on l'eust
enuoyé à la riuiere sur vne char-
rette tiree auec deux bœufs
noirs , pour marque de l'enor-
mité, & atrocité du crime.

Mais iamais Republ. n'a esté
plus curieuse que la Romai. de
conseruer ceste ancienne gloire
d'humanité & debonnaireté.
Metius Suffetius pour sa trahison fut tiré à quatre cheuaux,
tout le peuple destourna ses
yeux d'vne telle horreur. Ce
fut le premier & le dernier supplice de ceste seuerité qui auoit
fait oublier aux iuges que les

In aliis gloriari licet, nulli gentiũ minores placuisse panas. T. LIV. Suppliciumexẽpli parũ memoris legum Romanarum. T. LIV.

loix & les peines auoiét esté ordonnees non par des tygres ou
des onces, mais par des hómes.

Il se faut representer l'executió
de l'Arrest de Seianus toute telle que des autres, sinon que l'on
y apporte plus de pompe pour
l'occasion & l'exemple, & plus
de diligence & de puissance
pour la seureté, & que plusieurs
des Magistrats y assisterent. On
trouue icy sommairement ce
qu'il faudroit cercher en plusieurs lieux, & qui se rapporte
confusément & diuersement.

L'arrest signé par celuy qui a
rapporté les actes, & les lettres
de l'Empereur, par celuy que le
premier a ouuert l'opinion qui a
esté suiuie, & par le Consul qui
decretoit ce qui estoit resolu,
on enuoye querir l'executeur
qui par la loy des Censeurs ne
demeuroit point dans la ville.

Le trópette assemble le peuple, sonne deuant les portes des
Téples, au deuant de la maison
du condamné, aux places publiques. Le Consul ou le Preteur
monte sur son throsne, se despoüille de sa robbe de pourpre,
ou la met à l'enuers ; ou en préd
vne noire cóme en chose triste
& funeste, sans toutesfois porter sur son visage ni chagrin ny
colere : mais retenant la bien
seance & la grauité de laLoy qui
ne se courrouce cótre personne

Le condamné est amené, les
Huissiers commandent le silence, le Consul prononce l'arrest
qui est escrit en la Tablette, &
se tournant deuers l'executeur
luy dit, faits selon la Loy, ou
plus simplement, passe outre.
Il s'abstiét des mots tristes, tuë,
attache, assomme, & n'est non
plus esmeu que s'il commádoit

M iij

Crudeli-
tatem
imperii
verbo
mitiore
subdu-
cunt.
SEN. P.
Noxia
post ter-
ga ligá-
tur ma-
nus.
SEN. P.
Adhi'e-
tur legi-
tima ver-
ba, cani-
tur ex
altera
parte
classicũ.
SEN. P.
--quisnã
Delator:
quibus
indiciis?
quo teste
probauit?
Nihil
horum,
verbosa
& gran-
dis.

à vn seruiteur d'escraser vn scor-
pion ou vne chenille.

L'executeur luy lie les mains
derriere le dos, les trompettes
sonnent cependant qu'il prepare le supplice, & que le condamné se dispose à la mort. Le téps
n'estoit pas à discretion, Neró
ne donnoit iamais plus d'vne
heure pour se mettre en estat
de receuoir le coup mortel. Cóme aux funerailles, il y auoit des
instrumens qui sonnoient des
airs tristes & lugubres auec les
cornets pour les grands, ou la
fluste pour les petits, & cela s'a-
pelloit simphonie, de mesmes
aux supplices les trópettes sonnoient le Classique comme l'a-
larme ou le bouteselle pour aller à la mort.

Cependant le peuple estonné
d'vn iugement si tost fait en demande la cause, l'vn dit pour

quel crime a-il esté condamné?
qui a esté son delateur, quels
complices, quels tesmoins, rien
de tout cela; repart l'autre. Vne
grande & longue lettre est venuë de Caprees, & vn tiers dit,
c'est assez, il n'en faut sçauoir
d'auantage, tout va bien.

La forme n'est pas exprimee,
autre que Dion n'en parle, & le
mot dont il vse signifie qu'il fut
condamné ou executé. Il est
certain qu'on n'en fit pas vne
nouuelle pour le punir. Quand
quelqu'vn estoit condamné au
supplice à la mode des anciens,
c'estoit au banissement, la mort
ciuile du Citoyen Romain. La
potence, l'empalemét, la croix,
les bestes, la hart, le bourreau
estoient pour les esclaues, &
les gens de neant. Il y a long
temps, disoit Pætus Thraseas
à Neron, que l'on ne parle

Epistola venit.
A Ca-
preis be-
ne habet,
nil plus
interro-
go.
IVVEN.

Suppli-
cium mo-
re maio-
rum.
TAC.

Sunt pœ-
næ legi-
bus côsti-
tuta quæ-

bus sine iudicum sæuitia & temporum infamia supplicia decernū-tur. TAC. Tarpeio prodito-reshostes-ue publi-ci impo-nantur. SEN. Locus idem in vno ho-mine & eximie gloriæ monimē-tum & pœnæ vl-timæ fuit. T. LIV. Moles abscissa in pro-fundum frequen-

plus à Rome de bourreau ny de corde, les loix ont ordonné des peines qui punissoient les crimes sans infamiepour le temps, sans cruauté pour les iuges. Les traistres, les rebelles ennemisde la Republique, faisoient le sault de la Roche Tarpeïenne. Manlius fust precipité du haut du mont à trauers les rochers, & il eut comme dit Plutarque, le Capitole pour tesmoin de ses plus heureux faits & de sa plus grande calamité, ceste peine luy fust ordónee pour auoir entrepris sur le Gouuernement de la Republique. Supplice du tout effroyable, car le rocher estoit scabreux d'vne estrange hauteur, le milieu & les flancs bordez de pointes comme d'arestes & si le corps les rencontroit il estoit brisé ou poussé plus rudement, la seule veuë auoit de

l’horreur, & qui faisoit vne fois
ce sault estoit asseuré de n’en
faire iamais d’autre.

tibus ex-
asperata
saxis.
SEN.P.

On coupoit aussi les testes des
criminels, nõ auec la hache cõme anciennement, mais auec
l’espee depuis la guerre ciuile,
& ce supplice estoit si nouueau,
qu’vne Courtisane estant à la
table du Proconsul Flaminius,
ayant dit ne l’auoir iamais veu,
il fit couper la teste à vn prisonnier par son bourreau. Valerius
Antius dõna le mesme contentement à vne Dame qu’il aimoit. Voila de braues Magistrats qui se iouënt de la vie des
hommes, & de l’authorité des
Loix, pour continuer la cruelle
curiosité, l’vn d’vne Bourgeoi-
se de Plaisance : l’autre d’vne
Garse dont le nom estoit si
odieux, que si l’Huissier le ren-
contrant au passage du Consul

Nondũ
caput
erat ense
rotare.
LVCAN.

Vt iste
cũmami-
ca cœna-
ret iucũ-
dius ho-
mo occi-
sus est.
SEN. P.

Maie-
stas læsa.
si exeunti
Procon-
suli me-
retrix nō
summo-
uetur.
SEN. P.

ne l'euſt chaſſé, la dignité de l'office en euſt eſté offencé.

Seianus n'euſt pas la teſte coupee, le ſupplice eſtoit trop doux en vne colere ſi extréme & publique. Iuuenal dit, qu'eſtát trainé par la ville auec le crochet le peuple admiroit ſa groſſe teſte & ſes groſſes leures. I'eſtime qu'il fuſt eſtranglé en priſon, car c'eſtoit la peine plus ordinaire, & Tibere en vſoit. Apres qu'il euſt fait mourir Agripine à Pádatria, il ſe vátoit qu'il luy auoit fait grace de n'auoir commandé qu'on l'eſtranglaſt, & vouluſt que le Senat l'en remerciaſt.

Seianus
ducitur
vnco.
Specta-
dius gau-
dent om-
nes: que
labra
quis illi.
Vultus
erat?
IVVEN.

Iactänit
Cæſar
quod non
laqueo
ſtrangu-
lata neq.
inGemo-
nias pro-
iecta fo-
ret.
TAC.

Ces trois pauures enfans furét portez en priſon, la fille promiſe au fils de Claudius, fuſt deſlo-ree aupres de la corde par le bourreau, parce qu'il n'eſtoit permis de faire mourir vne fille vierge au ſupplice. Dion dit

qu'elle fust tuee par le peuple.
Tac. croit que le fils sçauoit ce
que l'ô vouloit faire, & la fortune qu'il couroit. Il y auoit vne
fille si petite, de si peu de cônoif-
sance qu'elle ne cessoit de dire,
*Qu'ay-ie fait, où me veut-on mener, qu'on
me le pardonne, ie n'y retourneray plus, il ne
faut que des verges pour me faire sage.*
Le bourreau prit ces deux par la
gorge & les estouffa. Ces corps
ainsi tuez furét attachez aux eschelles Gemonies qui portoiét
ce nom, ou de l'inuéteur ou des
gemissemens que l'on y entendoit. C'estoit comme le Pilory,
la place monstre des executiôs,
on y mettoit mesmes les pourtraits & les statuës des condamnez. La Conciergerie, la Cour
où l'on plaidoit, le thresor où
l'on enregistroit les Arrests
estoient edifices ioints ensemble, les eschelles en la mesme
place, & au pied le Tybre où.

l'on precipitoit les corps.

Seneque & Dio ne s'accordét
pas cestuy-ci dit qu'on traina
le corps trois iours entiers, &
celuy là que le mesme iour que
le Senat l'accompagna au senat, le peuple le mit en pieces,
& que d'vne persóne en laquelle les Dieux & les hómes auoiét
assemblé tout ce qui se pouuoit
de grand & de precieux, il n'en
demeura au bourreau aucune
chose pour y pouuoir attacher
son crochet, & le tirer dans le
Tybre. Pour les accorder ie pre-
suppose qu'apres qu'il fust executé on le mit sur les eschelles:
afin que le peuple le vit, & qu'é
ceste fureur, il le tira de là à l'instant & l'ayant estendu sur le riuage du Tybre, le mit en pieces
ou peut estre en 14. quartiers autant que la ville auoit de regiós,
& que ces pieces furent trainez

trois iours durant par la ville.

On fit à ce miserable corps toutes fortes d'outrages; les vns par inhumanité, les autres par vengeance, plusieurs par exemple, & tous afin qu'on ne creut qu'ils l'auoient ou aymé ou cõnu. Iuuenal rapporte les discours que l'on faisoit lors à Rome, car chacun donnoit carriere à son iugement. Voicy la Prose de ses vers.

I'entends que l'on en fera bien mourir. Il n'en faut point douter: la fornaise où l'on les doit ietter est bien grande. Ie rencõtray l'autre iour mon pauure Brutidius aupres du Temple de Mars, il estoit bien palle & estonné. Ie crains que si Aiax est appellé il ne se tuë de sa main. Mais afin qu'on ne nous prẽne pour estre des amis de Seianus, & que nous perißions sans deffence allons viste, courons à ce corps cependant qu'il est au riuage du Tybre, & crions que nous foulons aux pieds l'ennemy de Cesar.

Qui est seruiteur renonce & quitte son maistre, le prenne au colet luy torde la gorge.

—et pavi-
dum in
ius
Ceruice a-
stricta
dominū
trahat:
Vis ne sa-
lutari si-
cut Seia-
nus: habe-
re
Tātun-
dem, at-
que illi
sellas do-
nare cu-
rules
Illū ex-
ercitibus
praponere
tutor ha-
beri
Pricipis
Augusta
Caprecrū
in rupè
sedentis
Cum
grege
Chaldeo:
—quino-
lunt occi-
dere quā-

pour le traisner tout tremblant par deuant les Commissaires. C'est le moyen de se sauuer & d'estre recompensé.

Puis le Peuple faisoit en secret ces discours de Seianus. Veux-tu qu'on te suiue, & qu'on te fasse la Cour comme à Seianus, auoir autant de biens que luy, disposer des dignitez, donner les chaires d'yuoire, commander aux armees, estre estimé le Gouuerneur du Prince, faire ses affaires cependant qu'il est dans l'estroite grotte de Caprees auec sa troupe de Chaldeens, & d'Astrologues.

Veux-tu auoir le commandement sur la troupe qui porte la pile ou le iauelot à trois poinctes? Veux-tu commander à vne caualerie, à ces belles troupes qui demeurent au Palais pour garder le Prince?

Pourquoy ne desireras-tu pas cela? Ceux qui ne veulent tuer personne desirent toutesfois le pouuoir: Chacun veut les honneurs & les richesses qui sont toutesfois telles que la mesure des maux qui les suiuent esgalle celle du contentement qu'elles apportent:

Aymerois-tu mieux porter la robbe de Seianus que tu vois traisner par les ruës que d'estre Potestat des villages deserts de Fideric ou de Gabes, ou estre Edile à Vlubre qui est presque deshabitee, & iuger des mesures, & faire casser celles qui ne sont pas iustes? Il faut donc que tu confesse que Seianus n'a iamais sceu ce qui est à desirer; car en recerchant les grands honneurs & les grandes richesses, il ne faisoit que dresser sur vne haute tour vn eschaffaut pour tomber & se precipiter de plus haut. Qui a renuersé les Crasses & les Pompees, & celuy qui dompta les Quirites & les traita à coups de fuet comme esclaues? Les lieux esleuez où l'on monte par ruses, & les grands souhaits que les astres malins exaucent pour ruiner ceux qui les font.

Peu de Tyrans sont descendus en l'estat du Gendre de Cerez, & de leur mort naturelle: Leur mort n'a iamais esté aride, on n'y a point espargné le sang pour la destrem-per.

Seneque vit ce supplice, & neantmoins n'en a rien escrit, quoy qu'il fust en aage pour le bien remarquer, car il estoit à Rome quinze ans auant la mort d'Auguste: Il s'estonne que du corps d'vn homme si grand, si magnifique, il n'en resta rien

quam.
Posse
volunt:
Vt rebus lætis parsit mensura malorum:
An Fidenarum, Gabriorumque, esse potestas:
Et demensura vis discere:
- numerosa parabat.
Excelsa turris tabulata rude altior esset
Summisque nempe lo- à ?
Magnaque numinibus vota exaudita malignis. Iv.

*Si ad mor-
tem agit
matres
magnum
gaudium,
quid ma-
gnus do-
lor!
SEN. P.
*Cratesi-
clea auoit
prié qu'õ
la fit mou-
rir auant
ses enfans
mais les
bour-
reaux les
tuerent
deuant
ses yeux.
PLVT.
Ordo
sceleris
per Api-
catam
Seiani
proditus
tormentis
Eudemii
& Lygdi
patefa-
ctus est.
TAC.*

pour la sepulture.

Si vne grãde ioye tuë vne me-re, que doit faire vne extréme tristesse ? Apicata fut assaillie d'vne incroyable douleur quãd elle vit ses enfans aux eschelles. Cratesiclea mere de Cleomenes Roy de Sparte à qui Ptolomee auoit fait trencher la teste & at-tacher sõ corps à la Croix, voiãt ses enfans tuez deuant ses yeux, disoit; *Helas! mes enfans où estes vous al-lez:* Apicata dit à ces innocens qu'elle voit sur ce lieu infame; pauures enfãs où estes vous ? En ceste angoisse elle se retira en sa maison où elle escriuit vn dis-cours de la mort de Drusus, l'en-uoya à Tibere, & cela fait se tua.

Elle n'eust pas tant demeuré à la reueler, si la pitié de ses enfans ne l'eust retenuë, car elle sça-uoit bien qu'aux crimes de Ma-iesté, ils portoient la peine du

Pere. Elle accuſa Seianus, Liuil-
la, Ligdus & Eudemus. Ceux-cy
appliquez à la rouë qui eſtoit la
gehenne, confeſſerent tout. Tibere en fit tourmenter pluſieurs
pour auoir la verité des complices. On luy vint dire qu'vn homme de Rhodes eſtoit arriué, &
ne ſe ſouuenant que c'eſtoit ſon
hoſte qu'il auoit mandé, il luy
fit donner promptemẽt la queſtion, & ayant deſcouuert l'er-
reur commanda qu'on le tuaſt
afin qu'il ne diuulgua le tort
qu'il auoit receu. C'eſtoit conſeruer la reputation d'vn Prince
iuſte par vne inſigne iniuſtice.

La mort de Seianus rẽdit bien
à Tibere la cõfiance & la ſeureté ; & quand on luy parla de
choiſir vingt Senateurs pour ſe
tenir aupres de luy l'eſpee au
coſté, il reſpondit que la vie ne
luy eſtoit pas ſi chere, qu'il ſe

voulut assuiettir à ne la conseruer que par les armes : Mais les
vicieuses & debordees habitu-
des ne s'en allerēt pas, & ne faisant mourir ses vices deuant sa
mort, il n'eut pas le contente-
mēt de voir mourir ses ennemis
deuant soy. Il en ressentoit le remord si violemment, qu'il pro-
testoit au Senat de mourir tous
les iours. Sa condition n'estoit
suiette au iugement des hômes,
mais il demeuroit conuaincu en
sa conscience qui l'accusoit, le
cōdamnoit & l'executoit. C'est
pourquoy vn sage, qui viuoit de
ce temps-là, disoit : *Que si les ames
des Tyrans se pouuoient voir, on y remarque-
roit plus d'vlceres par la volupté qu'ils n'a-
uoient fait de playes aux corps meurtris par
leur cruauté.* De toutes ses violences la plus dommageable fust la
mort de l'Architecte qui refit &
redressa dextrement le grand

portail de Rome, qui auoit pris coup; & qui luy presenta vn verre, le cassa, & en rassemblant les pieces le refit sur le champ, ayant trouué l'art que ceste matiere, le dernier ouurage du feu obeist & fut ployable au marteau. Pline dit qu'il l'abolit, afin que l'or, l'argent & le bronze n'en fussent moins prisez. Quel ornement au monde si d'vne herbe qui n'a ny beauté ny senteur, qui n'est bonne au goust des hommes ny des bestes, on pouuoit faire vne matiere dure, solide & transparante?

Inuentió neantmoins que les siecles precedens auoient ignorée, que le sien admiroit, que le nostre regrettera tousiours; car nous n'auons plus des hommes qui se passionnent pour ne permettre que ce qui peut profiter à la posterité demeure long téps

Ferunt Tiberio Principe excogitatum vitri temperamentum, vt flexibile esset, & totam artificis officinam abolitam, ne æris, argenti auri metallis pretia detraherentur. PLIN.

Priscis temperibus, summum certamen inter homines, ne quid pro futurum sæculis, diu lateret. PETR.

caché. Tibere n'eſpargnoit rien aux deſpences exceſſiues, voluptueuſes, & ſuperfluës : entretenoit des ſueurs & labeurs du peuple vne infinité de perſonnes, non ſeulemēt inutiles, ains pernicieuſes à la Republique : & faiſoit mourir ceux dont l'induſtrie luy pouuoit apporter de l'ornement & de l'vtilité. Quel deſordre & du temps & des hómes ? On plaint la recompenſe d'vn art admirable, & Seianus vend vn de ſes Eunuques trois mille cinq cens ſeſterces. Mais cela fuſt durant les miſeres du regne, & lors qu'il n'eſtoit permis à perſonne de reprendre ces profuſions.

La domination de Tibere fuſt encores plus terrible & cruelle apres Seianus qu'elle n'auoit eſté auparauant. Il ne voulut que le peuple reparaſt

par sa mort les maux qu'il auoit
faicts en sa vie. Auguste auoit
ordonné vn thresor millitaire,
qu'il remplissoit de trois tributs
comme de trois viues sources;
du vingtiéme des hereditez, du
vingt cinquiéme de la vente
des serfs, du centiéme de tout
ce qui estoit en commerce. Tibere ayant reduit en Prouince
le Royaume de Cappadoce, iugea que par l'accroissement de
ce reuenu les peuples deuoient
estre d'autant deschargez; &
pource au lieu du centiéme il
ordonna qu'on ne payeroit que
le deux centiéme. Mais apres
la mort de Seianus, comme se
repentant de ceste grace, il ramena le centiéme. La necessité
des affaires l'excusoit, elle ne
peut souffrir qu'on touche aux
Tributs, c'est vne furie qui saisit
l'Estat à la gorge si on ne l'ap-

*Da operã-
rt omnes
intelligãt
ß sa vi es-
se velint
Necessita
ti esse pa-
rendum.*
CIC.
*M.An
en Asie
apres la
bataille
de Phi-
lippi.
* Ainsi
Themi-
stocles dé-
mandaut
aux An-
driens de
l'argent
leur dit
qu'il
estoit ac-
compagné
de deux
Deesses,
la Per-
suation
& la
Con-
trainte.
PLVT,*

paise. Ceux qui sont ordonnez
pour luy aller au deuant doiuent
rendre les peuples capables dé
ceste verité, *ß vous voulez posseder en
paix les cõmoditez particulieres, il faut que
vous secouriez les necessitz publiques.*
Quãd Anthoine le Triumuir fut
enuoyé en Asie pour en tirer dü
secours, il ne representa autre
raison que ceste necessité.

*Ainsi (dit-il) que vous ne soyez chas-
sez de vos villes & de vos terres, il faut que
vous donniez de l'argent pour l'entretenemēt
des gens de guerre. On ne vous en demande
pas tãt que vous ne le donniez libremēt. Vous
allez donné en deux ans à Cassius & à Brutus nos ennemis les tributs de dix annees, il
ne nous faut que cela pour sortir d'affaires
pourueu que vous les donniez pour vne fois.*
Il en tira 200.mille talens, c'e-
stoient 20.milles par annees qui
reuenoient à 12.millions.

L'Estat ne se peut maintenir
en repos s'il est foible, ny se for-
tifier sans les armes, les armes

ne s'entretiennent sans argent, & l'argent ne vient que par les Tributs. Mais il y faut de la moderation , & le Prince imitant Tibere, doit tõdre la brebis sans l'escorcher, & rendre la dispensation chaste , sincere & pure, comme du sang des sueurs , & des larmes du peuple, pour les despenses vtiles, necessaires & glorieuses, non pour des profusions qui n'apportent ny contentement ny reputation.

Heureux le Prince qui trouüe des gens de bien pour leur fier le soin de ses finances, d'où depend l'honneur de ses desseins, la Maiesté de sa Couronne , la tranquilité de son Estat : car ce sont & lés nerfs qui donnent le mouuemẽt & les veines qui entretiennẽt la vie, & comme par la resolution ou le retirement des nerfs le corps physique est

*Par la qualité du Tributil faut iuger de la puissance du Tributaire. Nec quies gentium sine armis, nec arma sine stipendiis nec stipẽdia sine tributis haberi queunt. TAC. Malo tondére pecus quàm deglubere. D. TIB.

quelquesfois priué de mouuement & de fentiment , auffi le
politique fans argent ne fe peut
remuer ny fouftenir, en vn mot
auec les finances on finit & l'on
vient à bout de tout. Qui à le
dernier efcu à le triomphe. Elles
font facrees, la garde en eft dõnee à Saturne ou dans fon Temple. Cefar n'euft fceu ruiner la
liberté s'il n'euft commencé par
ce facrilege , defpoüillant le
threfor de la Republique qui
eftoit remply de toutes les def-
poüilles de l'Oriēt, & de ce que
les Fabrices , les Scipions, les
Catons & les Pompees auoient
acquis par leurs victoires. La
premiere marque de la defola-
tion d'vn Eftat fe tire de l'iniufte & defreglee adminiftration
des finances.

Ce n'eft pas affez que ceux qui
en ont l'intendance ayent les
yeux

yeux ouuerts à faire que la def-
penfe ne paffe la recepte, l'Eftat
à grand intereft que les moyens
des particuliers ferôt mefnagez
fans exceds auec ordre & mode-
ftie côme ils doinét eftre acquis
fans turpitude. Les defordres
que l'on remarque aux habits, à
la table, aux baftimés, aux delices & fuperfluitez des maifons
priuees font Symptomes, d'vn
eftat non feulement malade,
mais mourant. Les troubles &
les feditions ne font appuyees
pour la plufpart que fur le de-
fefpoir de gens perdus , & qui
n'ont plus rien à perdre , de cefte qualité eftoient ceux qui en-
trerent en la coniuration de
Catilina. Defordres grands &
exceffifs durant l'Empire de Tibere: mais qui eftoient venus de
plus loin , car il difoit que les
Romains auoient appris à def-

Res fa-
miliaris
iis rebus
quæratur
à quibus
abeft tur-
pitudo.
C I C.

Conui-
uiorum
luxuria
& reftiu
agræ ci-
uitatis
indicia
funt.
SEN.
Hoc in
Repub.
femina-
rium Ca-
tilinarũ.
C I C.

pendre le leur aux guerres ciuil-
les, & l'autruy aux estrangeres.
C'est merueille qu'ayant pourueu à tant d'autres exceds il n'a
voulu corriger le luxe, ny la dis-
solution qui s'estoient desbor-
dees par le mespris des loix som-
ptuaires. Seroit-ce point qu'il
nevoulut cōmencer l'exemple,
de la reformation par sa maison
qui regorgeoit d'exceds, ou que
le desordre estoit passé en coustume & en discipline, ou qu'il
ne voulust attirer à soy inutile-
ment & sans effect la mal-veillance publique. Sa plus grande
raison estoit pour n'exposer ses
commandemens au mespris,
n'ouurir la veine premier que
d'auoir toute preste la bande
pour arrester le sang.

Ces belles paroles qu'il dit au
Senat sur ce suiet deuroient
estre representees aux Roys

toutes les fois qu'ils font des Ordonnances dont les effects font douteux & difficiles. *Le Prince doit pluſtoſt diſſimuler vn diſordre enuieilli & qui a grande ſuite que de mettre au hazard fon authorité, & faire cognoiſtre publiquement fon impuiſſance, & qu'il y a des choſes où il ne ſçauroit remedier.*

Apres le ſupplice de Seianus le ſenat commanda qu'on eſleuaſt en la place publique la ſtatuë de Liberté, & que tous les ans au meſme iour que Seianus auoit eſté tué on repreſentaſt vn combat à cheual, & que l'on y tuaſt diuerſes ſortes d'animaux : ce qui n'auoit eſté auparauant. Il ordóna auſſi qu'on ne donneroit à perſonne des honneurs immoderez ; & qu'on ne iureroit par autre nom que par celuy de l'Empereur.

Tous les amis de Scianus couururent fortune, & receurent ce

Quàm
malè est
extra le-
gem vi-
uentibus!
quicquid
meruerūt
semper
expectāt.
PETR.

qu'ils attendoient. Les prisons en furent remplies, les vns condamnez à mort, les autres bannis; tous despoüillez de leurs charges. La ville sembloit vne campagne où l'on nevoyoit que des corps deschirez, ou des corbeaux qui les deschiroient.

Tibere s'accoustuma tellemēt aux supplices, qu'il fit mourir tous ceux qui estoient aux prisons accusez d'auoir quelque intelligence auec Seianus: on mit sur le paué vn grād nombre d'hōmes morts, de tout aage & condition, illustre, noble, roturier; sans qu'il fust permis à personne de s'arrester pour les voir; ny de se retirer pour les pleurer; car l'vn ou l'autre estoit crime. Vitia fut punie de mort pour auoir pleuré Geminus son fils: & parce que l'on ne pouuoit accuser les femmes d'at-

Tacuit
immensa
strages,
omnis
sexus,
omnis
ætas.in
lustres,
ignobiles
TAC.

Fœminæ
quia oc-
cupandæ
reipub.
argui nō
poterant
ob lacry-
mas in-
cusaban-
tur.
TAC.

tonter à l'Estat leurs larmes
estoient criminelles.

On iugeoit la douleur par la
mine, & la passion par la vehe-
mence de la douleur: de maniere que les corps que le Tybre
renuoyoit au riuage, y demeu-
roient sans sepulture : tant la
crainte auoit rompu le commerce entre la nature & la compassion.

Il n'y eut personne qui ne re-
niast l'amitié de Seianus. Vn
seul Cheualier Romain, Marcus Terentius, estant accusé
d'estre de ses amis, l'auoüa librement, lors que les autres
faisoient semblant d'y auoir re-
noncé. Il en parla en ceste sorte
deuant le Senat.

*Peut-estre ferois-ie mieux pour ma fortu-
ne, de nier le crime dont on m'accuse, que de
le confesser. Mais quoy qu'il en aduienne,
i'auoüé que i'ay esté l'amy de Seianus, que*

*Interci-
derat for-
tis huma-
næ com-
mercium
vi metus:
quârum-
que sæ-
uitia
gliseret,
miseratio
arceba-
tur.*
TAC.

*Ausus est
amplecti
amicitiã,
quã cæteri
falsò e-
xuerant.*
TAC.

*Minus
expedit
adnoscere
crimen,
quã ab-
nuere.*
TAC.

* Il y en
auoit sept
qui estre en
la ville,
trois aux
garni-
sons.
Cunctos
qui no-
uissimi
consilij
expertes
fuimus
vnius
discrimi-
ne defen-
dam.
TAC.
Non est
nostrum
æstimare
quem su-
pra cæte-
ros, &
quibus de
causis
extollas.
Tibi
summum
rerum
iudicium
dij dede-
re: nobis
obsequij

i'ay desiré de l'estre, & me suis esiouy d'a-
uoir acquis son amitié.

Ie voyois qu'il estoit compagnon de son pere au commandement des cohortes Pretoriennes, & qu'en mesme temps il manioit les affaires de la Ville & de la Guerre : que ceux
qu'il auoit pour intimes, estoient puissans en
l'amitié de l'Empereur, & les autres tousiours en frayeur & en la misere des accusez.

Ie ne veux alleguer icy personne pour exé-
ple. Ie veux au seul peril de ma vie deffendre
tous ceux qui n'ôt eu aucune part en ses der-
niers desseins. Car nous ne faisions pas seruice à Seianus de Vulsine, mais nous suiuions
le party de la maison de Claude, dont par
al[l]iance il s'estoit rendu le chef. Nous hono-
rions Cesar, vostre Gendre, vostre compagnon
au Consulat, & qui exerçoit vos charges en
la Republique.

Ce n'est pas ànous de iuger quel doit estre
celuy, ny pour quelle cause vous l'esleuez sur
les autres. Les Dieux vous ont donné la
souueraine disposition des affaires : il ne nous
reste en cela que la seule gloire de l'obeissance. Nous considerons ce que nous voyons, à
qui vous donnez des biens & des honneurs,
& qui nous pouuoit plus nuire ou profiter, &
personne ne peut nier que tout cela n'ait esté

à Seianus.

Il n'est pas permis de sonder les intentions profondes du Prince, ny ce qu'il prepare de plus secret : cela est douteux, & pource on n'y arriue pas. Ne considerez le dernier iour de Seianus, mais les seize annees de sa prosperité. En ce temps-là nous portions de l'honneur à Satrius & à Pomponius ses affranchis: & on estimoit que c'estoit chose magnifique d'estre conneu de ses seruiteurs & de son portier. Quoy doncques ? ne fait-on point de difference entre ceux qui ont seruy Seianus comme seruiteur de l'Empereur, & ceux qui l'ont suiuy en ses desseins comme ennemy de l'Empire?

Il est necessaire que ceste distinction soit reduite en ses iustes bornes ; afin que l'on puisse les trahisons & conspirations contre l'Estat, & les desseins de la mort de l'Empereur: mais pour l'amitié que vous luy auez porté & pour les deuoirs que nous luy auons rendus, vne mesme raison, Cesar, doit absoudre & vous & nous.

La hardiesse & la fermeté de son discours qui rapportoit tout ce qui estoit en la pensee des autres, fut de si grande efficace que

gloria relicta est.
TAC.

Abditos Principis sensus, & si quid occultius parat, exquirere illici-tum.
TAC.

Insidiæ in Remp. consilia cædis aduersum Imperatorem puniantur: de amicitia & officiis idem & in Ce-sar; & nos absoluerit.
TAC.

ceux que l'on auoit accusez cóme amis de Seianus, furent di-stinguez de ses complices ; & Tibere loüé d'auoir confirmé le decret du Senat pour l'inno-cence de Terentius, qui n'auoit aymé son amy pour le hayr ou le desaduoüer.

Lentulus Getulicus y alla en-cores d'vn air tout autre que Varro. Abudius Rufus l'accu-soit d'auoir traicté le mariage de sa fille auec le fils de Seianus, cestuy-cy estoit en Allemagne en grande creance & authorité pour sa douceur & modestie. Il parloit de loin & à cheual & dans les armees, pource Tibere fit condamner & bannir son ac-cusateur, acte de sagesse au Prin-ce, de ne menacer iamais celuy qui est à l'abry de ses coups.

Getulicus en fust aduerty, & connoissant l'humeur de Tibere, qui a heurté à vne opinion, ne s'en retiroit pas ayſément, & ſelon la trempe de ſa colere preſſoit ou retardoit ſa vengeã-ce luy fit connoiſtre qu'il eſtoit en tel eſtat qu'il n'oublieroit pas ſon ſalut pour celuy d'au-truy, & luy enuoya ceſte lettre eſgallement ſuperbe & hardie.

Ceſar, l'alliance que i'ay traictée auec Seianus n'a pas eſté de mon mouuement mais par voſtre conſeil. Il peut eſtre que i'ay eſté trompé apres vous: mais vne meſme faute ne doit eſtre à la deſcharge de l'vn & à la ruine de l'autre. Ma fidelité a eſté entiere iuſques icy, & ne changera point ſi on ne me dreſſe quelque partie, & quiconque viendra pour ſucceder à ma charge ie le receuray comme ayant entrepris ſur ma vie. Accordons nous comme par traicté, à vous tout le reſte de l'Empire; à moy mon Gouuernement.

Rien que l'eſloignement n'ex-cuſa l'inciuilité de ceſte lettre. Il fuſt le ſeul des amis de Seia-nus qui ſe ſauua. Tibere baiſſa les yeux & hauſſa les eſpaules,

*La hardieſſe ne vient pas tousiours du courage, mais du lieu, & de la cauſe.

Idem error principi ſine fraude, aliis exitio non eſt habendus. TAC.

Succeſſorem non aliter quam indicium mortis acceptum. TAC.

Princeps cæterarũ rerum potiatur: ipſe prouinciam retineam. TAC.

Publico
odio &
extrema
ætate res
principis
ſtant ma-
gis fama
quam vi.
TAC.

car ſes affaires eſtoïent plus ſou-
ſtenuës par la reputation que
par la puiſſance. La vieilleſſe
caduque retrãchoit ſes eſperances, & la haine publique augmentoit ſes deffiances.

Mamercus Scaurus eſtoit des
amis de Scianus, mais ſon amitié n'euſt pas tant de pouuoir
pour le ruiner, que la haine de
Macro, qui n'eſtoit pas moins
aſpre que l'autre à ſe desfaire de
ſes ennemis, mais il y alloit plus
finement & plus ſecrettement.
Il eſtoit digne de l'amitié de Seianus pour la conformité de ſes
humeurs aux voluptez, que Seneca repreſente ſi vilaines, que
la ſeule penſee ſoüille l'eſprit, il
n'attendit pas qu'on le con-
damna, & creut Sextia ſa femme qui l'exhorta à ſe tuer.

P. Vitellius qui auoit ſi fermement ſouſtenu la cauſe de Ger-

Haud
minus
validum
ad exitia
Macro-
nis odiũ
qui eaſ-
dem artes
occultius
exerce-
bat.
TAC.

Mamer
cusScau-
rus ancil-
larũ men-
ſtruum
hianteore
excepta-
bat.SEN.

manicus contre Piſo, fuſt accuſé d'auoir offert à Seianus l'argent de la Republique, car il
eſtoit des Intendans du Thre-
ſor. Ses freres reſpondirent pour
luy, mais voyant que ſon procez duroit trop, il s'ennuyoit de
languir entre la crainte & l'eſ-
perāce & s'ouurit la veine auec
vn poinçon. Ses amis eſtan-
chent le ſang, & arreſtēt l'eſprit
qui s'en alloit, ennuyé de loger
en vn corps qui ſe plaiſant aux
faſcheris, ne ſe laſſoit qu'à regret de la douleur.

Pomponius fuſt malede au
meſme hoſpital que les autres:
mais ſa patience le fit ſuruiure.
Tibere qui le vouloit faire mourir, parce que Velius Gallus s'e-
ſtoit ietté en ſon iardin lors que
l'on traiſnoit Seianus.

Tibere regretta Seianus, non
pour la perte, mais pour ſon in-

tereft; car tant qu'il auoit vefcu,
on reiettoit fur luy tout le blaf-
me de ce qu'il faifoit d'iniufte
ou de cruel ; & apres fa mort
perfonne ne partagea auec luy
la haine publique.

D'autant que la profperité de
Seianus auoit efté admiree, fa
cheute donna de la frayeur &
de l'eftonnement. Iamais perfonne auant luy n'auoit eu des
honneurs plus grands, plus vni-
uerfels, plus inefperez: & toutes
les faueurs & les dignitez que
les Roys de l'Europe pourroient

mettre enfemble pour efleuer
vn homme, n'entreroient en
comparaifon auec celles-cy. Il
fit connoiftre à tous & longue-
ment & par tout ce qu'il pouuoit. Il poffeda feize ans la puiffance fouueraine d'vn Empire
qui commandoit à tout le monde, & qui le premier auoit pris

pour limites le leuer & le coucher du Soleil. L'Euphrate fer-
moit sa frontiere deuers l'O-
rient; le mont Atlas, les cata-
ractes du Nil, les deserts d'A-
frique au Midy; la mer Oceane
au Ponant; le Danube au Se-
ptentrion: tellement que où alloit le Soleil, là alloient aussi ses
commandemens. Quelle gloi-
re monta iamais plus haut, ou
descendit plus bas?

Qui verroit vne haute monta-
gne dominant vne grande plei-
ne s'aualler, se fondre & abis-
mer tout à coup s'en estôneroit,
& cela n'est pas plus estrange
que de voir ces grands Colosses
abattus en vn instant. On y
trouue de l'estonnement, & on
neglige l'exemple. Chacun se
fie à son iugement, pensant de
faire le mesme chemin; mais
d'vn autre pas & plus seurement

*Clarissum
mari aut
flumini-
bus lo-
ginquis
impe-
rium.
TAC.

* Voir
les grãds
abattus
c'est voir
des mon-
tagnes
appla-
nies.

que les autres. Vn seul vaisseau qui sera reuenu heureusement d'vne grande nauigation est capable de resoudre cent personnes à faire le mesme voyage & le naufrage de cent vaisseaux n'aura le pouuoir d'en destourner vne seule : car chacun croit que la mauuaise fortune n'est pas faite pour luy.

Macro Capitaine des Gardes & Laco Cheualier du guet furent bien plus aduisez, le Senat leur ordonna pour ce grand seruice des grands honneurs. Au premier la charge de Preteur, auec pouuoir de s'asseoir au rang des Senateurs, auec la robbe de pourpre aux ieux & assemblees publiques, & au second celle de Questeur : ils les refuserent, & Dion trouue la raison du refus sur la frayeur d'vn exemple si frais.

Ils creurent que ce seroit vne grande imprudence de donner contre le mesme escueil où Seianus s'estoit perdu. Il vaut mieux s'instruire sur le malheur d'autruy que sur le sien, le sage fait son profit de la honte & du dommage qui ne le touchent point, & comme la Theriaque se fait des Viperes, & l'on tire les remedes salutaires des poisons mesmes, aussi des ruines & miseres des meschãs les gens de bien doiuent tirer les preceptes de leur conduite.

Seianus sera tousiours allegué pour l'exemple prodigieux d'vne insolence extréme, & d'vne malheureuse ambition : & sa fin tragique apprend que iamais on n'vse bien d'vn pouuoir mal acquis ; qu'il ne faut iuger de la felicité auant la mort, ny du iour auant le soir, ny du bastiment qu'il ne soit acheué. LA MORT, LA FORTVNE, LE TEMPS ET LA COVR SE CHANGENT EN VN MOMENT. La faueur acquise par le merite ou le bon-heur se conserue par la modestie, se pert par l'insolence : & la plus asseuree ne doit releuer que de la main du Prince.

FIN.

Aluare de Luue disoit à ceux qui admiroiët sa fortune aupres du Roy de Castille, Vous auez tort de loüer le basti-ment a-uant qu'il soit acheué.